LOS PRINCIPIOS Y LOS MÉTODOS DE LAS MISIONES 2
LA VIDA Y EL MINISTERIO EN EL CAMPO MISIONERO

LOS BOSQUEJOS DE LA CLASE
"PRINCIPIOS Y MÉTODOS DE MISIONES 2"

Edición del Maestro

Pastor Jeremy Markle

**LOS MINISTERIOS
DE
ANDANDO EN LA PALABRA**
Pastor Jeremy Markle
www.walkinginthewordministries.net

Los Principios y los Métodos de las Misiones 2
La Vida y el Ministerio en el Campo Misionero

Edición del Maestro

Preparado para la clase "Principios y Métodos de Misiones 2"
Colegio Universitario Bautista de Puerto Rico

Publicado por Los Ministerios de Andando en la PALABRA
Walking in the WORD Ministries
www.walkinginthewordministries.net

Impreso en los Estados Unidos.

ISBN: 978-1947430181

El siguiente material fue escrito como notas para la clase
"Principios y Métodos de Misiones 2,"
en el Colegio Universitario Bautista de Puerto Rico.
Su propósito es proporcionar instrucción bíblica y práctica
para ayudar al misionero a establecerse en su nueva vida y ministerio
en el campo misionero.

Que Dios lo bendiga grandemente
mientras usted y su iglesia participan en la realización de la Gran Comisión.

Pastor Jeremy Markle

INDICE

LOS PRINCIPIOS Y LOS MÉTODOS DE LAS MISIONES 2

SECCIÓN #1

INTRODUCCIÓN

LOS PROPÓSITOS DE ESTUDIAR LOS AFECTOS DEL "CHOQUE DE LA CULTURA" EN LA VIDA DEL MISIONERO
II CORINTIOS 1:3-11

✔ Para <u>crecer</u> en nuestro entendimiento y dependencia en la consolación de Dios, mientras Le servimos como misioneros (3-4a, 5)

✔ Para <u>compartir</u> la consolación que hemos recibido de Dios con aquellos en necesidad por causa de la presión en la vida del misionero (4b, 6-7)

✔ Para <u>comunicar</u> con honestidad sobre las circunstancias verdaderas en la vida del misionero (8)

✔ Para <u>confiar</u> en el poder y provisión de Dios para la vida del misionero (9-10)

✔ Para <u>co-labrar</u> con otros por orar por ellos mientras que ellos están afectados por los cambios en la vida del misionero (11a)

✔ Para <u>celebrar</u> con acción de gracias por las victorias que Dios provee a través de la vida del misionero (11b)

Romanos 15:4
4 Porque las cosas que se escribieron antes,
para nuestra enseñanza se escribieron,
a fin de que por la paciencia y la consolación de las Escrituras,
<u>*tengamos esperanza.*</u>

LA PERSPECTIVA BÍBLICA EN LA VIDA MISIONERA

LOS ESCÉPTICOS

El Significado

☞Cualquier <u>comentario</u>, ambos un cumplido o una crítica, que produce <u>duda</u> o <u>hesitación</u> de cumplir la voluntad de Dios

Los Catalizadores

✔ El <u>amor</u> humano que no está preparado para sacrificar
✔ El consejo sobre las <u>imposibilidades</u> humanas
✔ Los <u>ataques</u> de aquellos contrarios
✔ _____
✔ _____

La Perspectiva Bíblica

<u>Los Ejemplos</u>

<u>Pablo</u> y <u>Israel</u>

✔ Los Pasajes:
  ✎ Pablo - <u>Hechos</u> 21:8-15
  ✎ Israel - <u>Números</u> 13:25-14:39
✔ Las Circunstancias:
  ✎ Pablo estaba en <u>camino</u> a Jerusalén y Agabo profetizó de persecución (8-12)
  ✎ Israel estaba a la <u>entrada</u> de la tierra prometida pero encontraron que le gente eran fuerte (13:25-33)
✔ Las Reacciones:
  ✎ Pablo continuó en la <u>voluntad</u> de Dios a Jerusalén (13-15)
  ✎ Israel estaba <u>desanimado</u> y trataba de <u>rebelarse</u> (14:1-10)
✔ Los Resultados:
  ✎ Pablo estaba <u>perseguido</u> pero ministró para Dios (16-20)
  ✎ Israel estaba <u>castigado</u> por Dios (14:11-39)

<u>Los Mandatos y Las Promesas</u>

✔ I Corintio 4:1-2 - Sea <u>administrador</u> fiel del Evangelio
✔ Mateo 6:25-34 - No se <u>preocupe</u> por las cosas físicas
✔ _____
✔ _____

<u>Los Principios</u>

✔ Hebreos 13:6 - No <u>tema</u> a los hombres
✔ Jeremías 1:6-10 - Dios le <u>creó</u> con todo lo necesario
✔ I Corintio 1:23-31 - Dios usa mi <u>debilidad</u> para revelar Su poder
✔ _____
✔ _____

Los Ejemplos de Situaciones Verdaderas

☞*La dotación del caballero sobre la habilidad mía en comunicar en Inglés y que no debo perder el don de Dios por tratar de ministrar en Español*

El Resumen Practico

☞Yo no puedo permitir ningún <u>consejo</u> humano impedir mi <u>obediencia</u> a la voluntad de Dios aun cuando sea <u>racional</u> humanamente

Los Ejemplos Bíblicos

✔ <u>David</u> - I Samuel 17:22-58
✔ <u>Nehemías</u> - Nehemías 4:1-23
✔ <u>Jesús</u> - Juan 7:1-10, Marcos 3:21
✔ _____

Los Pasajes para Exhortar la Fe

✔ Jeremías 32:27
✔ Romanos 8:37
✔ Efesios 3:16
✔ Filipenses 4:12-13
✔

LA PERSPECTIVA BÍBLICA EN LA VIDA MISIONERA

ADIÓS

☞El proceso de <u>dejar</u> toda su familia, sus amistades, y las cosas familiares para <u>vivir</u> con fulanos, como extranjero en un nuevo país y una cultura confusa

Los Catalizadores

✔ Las últimas <u>reuniones</u> con la familia y los amigos
✔ El proceso de <u>empacar</u> las cosas necesarias y dejar a los demás
✔ Las <u>lágrimas</u> y <u>emociones</u> de los amados
✔ La llegada al país nuevo, <u>solito</u>
✔ _____
✔ _____

La Perspectiva Bíblica

Los Ejemplos

Pablo y Los Dos Segadores de Jesús

✔ Los Pasajes:
　✎ Pablo - <u>Hechos</u> 20:17-38 (36-38)
　✎ Segador #<u>1</u> - <u>Lucas</u> 9:59-60
　✎ Segador #2 - <u>Lucas</u> 9:61-62
✔ Las Circunstancias:
　✎ Pablo - Sus amigos <u>lloraron</u> y le <u>pidieron</u> que no fuese
　✎ Segador #1 - Él pidió permiso de <u>enterrar</u> a su padre
　✎ Segador #2 - El pidió permiso de <u>saludar</u> su familia y amigos
✔ Las Reacciones:
　✎ Pablo - Él pidió que ellos pararan de <u>llorar</u>
　✎ Segador #1 - Él no <u>siguió</u> a Jesús
　✎ Segador #2 - Él no <u>siguió</u> a Jesús
✔ Los Resultados:
　✎ Pablo - Él tenía un gran <u>ministerio</u> delante de los líderes de Roma
　✎ Segador #1 - Él recibió <u>castigo</u> de Jesús
　✎ Segador #2 - Él recibió <u>castigo</u> de Jesús

Los Mandatos y Las Promesas

✔ Lucas 14:26-27 - Tiene que dejar las relaciones para ser discípulo de Cristo
✔ Mateo 19:27-30 - La promesa de bendiciones por cien veces
✔ Mateo 28:18-20 - El mandato de recordar la promesa de la presencia de Dios
✔ _____

Los Principios

✔ Efesios 3:16 - Dios ofrece la fuerza para seguir
✔ I Corintios 9:27 - Tengo que controlar mis acciones para hacer el ministerio
✔ _____

Los Ejemplos de Situaciones Verdaderas

☞*Cuando me despedí de mi familia por la ultimo vez, consideré que nunca iba otra vez a verlos en esta tierra*

El Resumen Practico

☞Yo tengo que decir "adiós" a mis amados para probar mi amor por mi Padre Celestial

Los Ejemplos Bíblicos

✔ Noé y el mundo viejo - Génesis 6:8-7:16
✔ Abram e Isaac - Génesis 12:1-6
✔

Las Pasajes para Exhortar la Fe

✔ Mateo 10:37-39
✔ Mateo 16:24-28
✔ Hechos 21:8-15
✔ II Timoteo 4:10-17
✔

LA PERSPECTIVA BÍBLICA EN LA VIDA MISIONERA

LAS DECISIONES INMANENTES

El Significado

☞La presión de hacer las <u>decisiones</u> grandísimas sin mucha <u>información</u>, <u>tiempo</u>, ni <u>consejo</u> de otros

Los Catalizadores

✔ La necesidad para <u>escoger</u> una casa, un carro, etc.
✔ La necesidad de <u>comprar</u> muebles, enseres, etc.
✔ El necesidad de <u>buscar</u> profesionales: mecánico, medico, etc.
✔ _____
✔ _____

La Perspectiva Bíblica

<u>El Ejemplo</u>

<u>Abraham</u> y <u>Josué e Israel</u>

✔ Los Pasajes:
  ✎ Abraham - <u>Génesis</u> 17:8, 23:1-20, (26:3)
  ✎ Josué e Israel - <u>Josué</u> 9:1-16
✔ Las Circunstancias:
  ✎ Abraham - Él necesitaba un lugar para <u>enterrar</u> a Sara (1-3)
  ✎ J e I - Los Gabaonitas planearon a <u>engañar</u> a Israel (1-13)
✔ Las Reacciones:
  ✎ Abraham - Él <u>pidió</u> por un lugar en humildad como extranjero (4)
  ✎ J e I - Ellos no <u>pidieron</u> a Dios sino hicieron un pacto (14-15)
✔ Los Resultados:
  ✎ Abraham - Los hijos de Het le <u>ofrecieron</u> cualquier lugar que quería (5-20)
  ✎ J e I - Ellos estaban <u>engañados</u> pero tenían que honrar su pacto (16-27)

Los Mandatos y Las Promesas

✔ Salmos 37:23 - Dios va a <u>ordenar</u> mis pasos cuando yo me <u>confíe</u> en Él
✔ Proverbios 3:5-6 - Dios va a <u>dirigir</u> mis pasos cuando yo me <u>enfoque</u> en Él
✔ Santiago 1:5-8 - Dios va a <u>proveer</u> la sabiduría necesaria cuando yo le <u>pida</u> en fe
✔ _____

Los Principios

✔ Hebreos 11:8-9 - Tengo que vivir en mi nueva tierra por <u>fe</u>
✔ Mateo 6:25-34 - Tengo que <u>esperar</u> en Dios para todas las "necesidades"
✔ _____

Los Ejemplos de Situaciones Verdaderas

☞*Cuando yo llegué al país, necesité comprar un carro con poco tiempo para pensar ni investigar el valor verdadero*

El Resumen Practico

☞Yo tengo que <u>depender</u> en Dios para dirigirme y protegerme mientras que hago las <u>decisiones</u> necesarias por mi nueva vida aun cuando tengo que hacerlas con poca información y poco tiempo para investigar y me siento agobiado con todas las cosas nuevas

Los Ejemplos Bíblicos

✔ <u>Abram</u> (como ejemplo malo) - Génesis 12:1-20
✔ <u>Daniel</u>, <u>Sadrac</u>, <u>Mesac</u>, <u>Abed-nego</u> - Daniel 1:1-21
✔ _____

Las Pasajes para Exhortar la Fe

✔ Salmo 23:1-6
✔ Salmo 37:1, 3-4, 23-24
✔ Mateo 6:9-13
✔ _____

LA PERSPECTIVA BÍBLICA EN LA VIDA MISIONERA

LAS LIMITACIONES LINGÜÍSTICAS

El Significado

☞Cuando uno no pueda comunicar sus pensamientos ni sentimientos naturalmente o no pueda entender la comunicación natural del otro de sus pensamientos ni sentimientos sin distracción ninguna ni chance de falta de entendimiento

Los Catalizadores

✔ Limitación de leer los rótulos, instrucciones, etc.
✔ Limitación de entender instrucción, conversación, etc. por oírla
✔ Limitación de compartir sus ideas y corazón a los demás
✔ Limitación de comunicar el Evangelio y consejo bíblico
✔

La Perspectiva Bíblica

Los Ejemplos

Moisés y Daniel

✔ Los Pasajes:
  ✎ Moisés - Éxodo 3:1-4:16
  ✎ Daniel - Daniel 1:1-21
✔ Las Circunstancias:
  ✎ Moisés - El llamado de Moisés por Dios (3:1-4:9)
  ✎ Daniel - Él estaba cautivado y llevado a Babilonia (1-3)
✔ Las Reacciones:
  ✎ Moisés - Él dudó sobre su habilidad de comunicar (4:10-12)
  ✎ Daniel - Él tenía que estudiar la lengua de los Caldeos (4-6)
✔ Los Resultados:
  ✎ Moisés - Dios estaba enojado y envío a Aarón como la boca de Moisés (13-16)
  ✎ Daniel - Él estaba bendecido por Dios para aprender mejor de todo (17-21)

<u>Los Mandatos y Las Promesas</u>

✔ I Pedro 4:10-11 - Ministrar según las <u>habilidades</u> que Dios le dio
✔ _____
✔ _____

<u>Los Principios</u>

✔ I Corintio 14:9-11 - Comunicación sin <u>claridad</u> causa confusión
✔ Génesis 11:1-11, Hechos 2:4-13 - Dios puede <u>confundir</u> o <u>clarificar</u> la lengua
✔ I Corintio 1:26-29 - Dios usa los <u>débiles</u> para cumplir Su ministerio
✔ I Corintio 2:1-5 - Elocuencia no es necesario sino la palabra <u>sencilla</u>
✔ _____

Los Ejemplos de Situaciones Verdaderas

☞ _Cuando empezaba a dirigir la música en los cultos yo no podía recordar ni pronunciar los números pero por la gracia de Dios cantamos y poco por poco aprendí_

El Resumen Practico

☞ Yo tengo que <u>aceptar</u> mis limitaciones como parte del plan perfecto de Dios y <u>depender</u> en Dios para usar mis habilidades y falta de habilidad para cumplir Su plan mientras <u>dedicarme</u> de estudiar y aprender el idioma lo mejor posible

Los Ejemplos Bíblicos

✔ <u>Jeremías</u> - Jeremías 1:4-10
✔ <u>José</u> - Génesis 37:23-28, Salmos 81:5
✔ _____

Los Pasajes para Exhortar la Fe

✔ Efesios 6:18-20
✔ Génesis 4:11-12
✔ Isaías 28:9-11, I Corintios 14:21

La Perspectiva Bíblica en la Vida Misionera

Los Peligros Alrededor

El Significado

☞El sentido <u>agudizado</u> de la protección personal atribuible a un conocimiento de que haya <u>personas</u> o <u>circunstancias</u> numerosas alrededor que podría causarse daño personal o la pérdida de posesiones en cualquier momento

Los Catalizadores

✔ El <u>numero</u> y <u>condición</u> de la gente en las calles
✔ El nivel de la <u>protección</u> personal que los ciudadanos suministran para sí mismos
✔ La falta de protección proveída por la <u>policía</u> y el <u>gobierno</u>
✔ La experiencia de un acto <u>criminal</u> contra uno mismo y otra persona

La Perspectiva Bíblica

Los Ejemplos

<u>Sadrac, Mesac, y Abed-nego</u> y <u>Pablo</u>

✔ Los Pasajes:
  ✎ S, M, A - <u>Daniel</u> 1:1-21, 6:1-28
  ✎ Pablo - <u>II Corintios</u> 1:8-11 *(Hechos 14:18-21, 19:23-20:1, I Corintio 15:32, II Corintio 4:7-12, 6:1-10, 7:5-7, 11:23-33, 12:7-10)*
✔ Las Circunstancias:
  ✎ S, M, A - El rey de Babilonia mandó que todos <u>adoraran</u> su estatua (1-11)
  ✎ Pablo - Estaba en el <u>peligro</u> por su vida (8)
✔ Las Reacciones:
  ✎ S, M, A - Ellos negaron a <u>inclinarse</u> pero confiaron en Dios (12-23)
  ✎ Pablo - Se <u>murió</u> a si mismo y <u>dependió</u> en Dios (9-10)
✔ Los Resultados:
  ✎ S, M, A -Ellos estaban <u>rescatados</u> por Dios sin ningún afecto del fuego (24-30)
  ✎ Pablo - Otros creyentes le ayudaron por orar, y el <u>vivó</u> (11)

Los Mandatos y Las Promesas

✔ Hebreos 13:5-6 - Dios es mi <u>ayudador</u>, por lo tanto no haya <u>temor</u> del hombre

✔ Romanos 8:35-39 - Ningún <u>peligro</u> puede eliminar el <u>amor</u> de Dios

✔ Romanos 12:19 - No busque la <u>vengues</u> contra los <u>ladrones</u>

✔ Salmos 34:7 - Dios <u>acampa</u> alrededor de los que Le <u>temen</u>

Los Principios

✔ Lucas 8:34-38 - La <u>pérdida</u> de la vida por Jesús y el Evangelio es <u>ganancia</u>

✔ Salmos 23:1-6 - Dios es mi buen <u>Pastor</u> que me <u>protege</u> en los peligros

✔ II Timoteo 1:7 - Dios no nos dio un espíritu de <u>temor</u>

Los Ejemplos de Situaciones Verdaderas

☞ *Yo estaba robado dos veces en el primer mes, y en el tercer mes oí los tiros de un hombre asesinando, y un poco luego estaba en la misma calle en que el cuerpo estaba*

El Resumen Practico

☞ Yo tengo que <u>aceptar</u> los peligros de mi nueva vida y <u>depender</u>, no en mis esfuerzas para la protección, sino en las de mi Padre Celestial mientras <u>recuerde</u> que nada puede pasar contra de mi sin Su permiso

Los Ejemplos Bíblicos

✔ <u>David</u> - I Samuel 17:1-58

✔ Los <u>héroes</u> de la fe - Hebreos 11:33-40

✔ <u>Pablo</u> - Hechos 14:18-21, 19:23-20:1, I Corintio 15:32, II Corintio 1:3-11

Los Pasajes para Exhortar la Fe

✔ Salmo 56:3

✔ Lucas 12:4-5

✔ Hechos 20:24

✔ Romanos 8:18

✔ II Timoteo 4:17-18

LA PERSPECTIVA BÍBLICA EN LA VIDA MISIONERA

LAS TINIEBLAS DEL PECADO

El Significado

☞El efecto espiritual y físico de las influencias constantes del pecado y las batallas espirituales

Los Catalizadores

✔ Los pecados públicos - Sensualidad, Alcohólico, etc.
✔ La cuida de aquellos sufriendo por los pecados
✔ La carga de aquellos que no quiere arrepentirse del pecado
✔ Las religiones falsas

La Perspectiva Bíblica

Los Ejemplos

Lot y José

✔ Los Pasajes:
  ✎ Lot - Génesis 19:1-29
  ✎ José - Génesis 39:1-21
✔ Las Circunstancias:
  ✎ Lot - Él estaba viviendo en Sodoma y desfrutando su forma de vivir (1-13)
  ✎ José - Él estaba viviendo en Egipto y la mujer de Patifar estaba tentandole (1-7)
✔ Las Reacciones:
  ✎ Lot - Él y su familia no querían salir (14-16a)
  ✎ José - Él rechazó la tentación y salió (8-15)
✔ Los Resultados:
  ✎ Lot - Los ángeles les forzaron a Lot, a su mujer y a sus dos hijas a salir (16b-29)
  ✎ José - Él recibió castigo humano injusto pero la bendición de Dios (16-21)

Los Mandatos y Las Promesas

✔ Mateo 5:16-17 - Refleje la luz delante del mundo
✔ Romanos 12:1-2 - No sea conformado al mundo
✔ II Corintios 6:14-18 - No tenga unión con el mundo
✔ I Juan 2:15-16 - No ame al mundo

Los Principios

✔ II Corintios 4:3-4 - Si nuestra luz está encubierta, los incrédulos se pierden
✔ I Juan 4:4, 5:4-5 - Dios nos da la victoria sobre el mundo
✔ Judas 1:20-25 - Trata hacer una diferencia por salvar a los incrédulos
✔ _____

Los Ejemplos de Situaciones Verdaderas

☞*Los vecinos de la Iglesia quienes son Espiritistas*

El Resumen Practico

☞Yo tengo que mantener la Palabra de Dios y Su santidad como la norma de lo que es correcto e incorrecto para mi vida y ministerio y depender en Él para la victoria sobre el mal

Los Ejemplos Bíblicos

✔ Noé - Génesis 6:1-13
✔ Pablo - Hechos 17:16-34
✔ La Iglesia de Pérgamo - Apocalipsis 2:12-17
✔

Los Pasajes para Exhortar la Fe

✔ Salmos 119:105
✔ Juan 8:12
✔ Juan 17:1-26
✔ Efesios 5:8-16
✔

LA PERSPECTIVA BÍBLICA EN LA VIDA MISIONERA

LA ASISTENCIA SANITARIA

El Significado

☞La realización que el cuidado médico no ofrece las <u>soluciones</u> mejores a los pacientes y sus enfermedad

Los Catalizadores

✔ La condición <u>sanitaria</u> de la oficina y facilidades
✔ La <u>falta</u> o <u>edad</u> del equipo en la oficina
✔ El <u>consejo</u> y <u>cuidado</u> dados por las enfermeras y los médicos
✔ _____
✔ _____

La Perspectiva Bíblica

Los Ejemplos

Pablo y Silas y La Mujer con Flujo de Sangre

✔ Los Pasajes:
   ✎ Pablo y Silas - <u>Hechos</u> 16:22-40
   ✎ La Mujer con flujo de sangre - <u>Marcos</u> 5:25-34
✔ Las Circunstancias:
   ✎ P y S - Ellos estaban <u>azotados</u> y <u>echados</u> en la cárcel (22-24)
   ✎ La Mujer - Ella tenía una enfermedad y los <u>médicos</u> no la ayudaron (25-26)
✔ Las Reacciones:
   ✎ P y S - Ellos <u>oraron</u> y <u>cantaran</u> a Dios para todos a oír (25)
   ✎ La mujer - Ella, por fe, <u>tocó</u> a Jesús, <u>esperando</u> por Su sanidad (26-33)
✔ Los Resultados:
   ✎ P y S- Ellos fueron <u>librados</u> por Dios y el guardia <u>aceptó</u> a Cristo (26-40)
   ✎ La mujer - Ella estaba <u>sanada</u> inmediatamente por su fe (34)

<u>Los Mandatos y Las Promesas</u>

✔ Sant. 5:14-16 - La <u>oración</u> puede <u>sanar</u> las enfermedades

✔ _____

✔ _____

✔ _____

<u>Los Principios</u>

✔ Salmos 103:1-5 - Dios tiene poder de <u>sanar</u> todas las <u>dolencias</u>

✔ Filipenses 2:25-27 - Dios es <u>misericordioso</u> en las <u>enfermedades</u>

✔ II Corintios 4:16-18 - No permite que las <u>enfermedades</u> físicas destruyan al <u>hombre</u> interior

✔ I Corintios 11:23-34 - Hay <u>enfermedades</u> físicas como resultados de los <u>pecados</u> espirituales

✔ _____

Los Ejemplos de Situaciones Verdaderas

☞*Cuando yo tenía una operación peño de mi dedo y el medico no tenía la alcohol para esteriliza las instrumentos ni la corta y no me dio instrucción del cuido*

El Resumen Practico

☞Yo tengo que <u>depender</u> en Dios para mi salud y el cuidado adecuado cuando estoy enfermo porque toda la sanidad viene por Él

Los Ejemplos Bíblicos

✔ El Rey <u>Asa</u> - II Crónicas 16:12-14

✔ <u>María</u> en el nacimiento de Jesús - Lucas 2:4-7

✔

Los Pasajes para Exhortar la Fe

✔ III Juan 1:2

✔ Salmos 6:1-10

✔ _____

✔ _____

LA PERSPECTIVA BÍBLICA EN LA VIDA MISIONERA

LLEVAR LA CARGA SOLO

El Significado

☞La necesidad de trabajar en la obra sin otros <u>ayudantes</u> adecuados para levantar la carga de las <u>responsabilidades</u> espirituales ni físicas

Los Catalizadores

✔ La falta de otro <u>misioneros</u> y <u>consejeros</u>
✔ La falta de <u>creyentes</u> maduros y preparados para cumplir el ministerio
✔ La falta de <u>gente</u> capaz de mantener el ministerio físico
✔

La Perspectiva Bíblica

<u>Los Ejemplos</u>

<u>Pablo</u> y <u>Moisés</u>

✔ Los Pasajes:
  ✎ Pablo - <u>Hechos</u> 17:15–34
  ✎ Moisés - <u>Números</u> 11:1-17
✔ Las Circunstancias:
  ✎ Pablo - Él estaba en Atenas <u>sólito</u>, esperando por sus <u>co-labradores</u> (15-16a)
  ✎ Moisés - Él estaba dirigiendo Israel <u>sólito</u> y ellos estaban <u>murmurando</u> (1-10)
✔ Las Reacciones:
  ✎ Pablo - Él se <u>enardecía</u> por la idolatría y <u>predicó</u> el Evangelio (16b-31)
  ✎ Moisés - Él <u>clamó</u> a Dios en desánimo (11-15)
✔ Los Resultados:
  ✎ Pablo - Algunos le <u>rechazaron</u> pero algunos <u>recibieron</u> su mensaje (32-34)
  ✎ Moisés - Dios lo dirigió a <u>buscar</u> 70 hombres para <u>ayudarle</u> (16-17)

Los Mandatos y Las Promesas

✔ Isaías 41:9-10 - Dios es el <u>ayudador</u> de Sus <u>labradores</u>
✔ Gálatas 6:9 - Haya tiempo de <u>segar</u> si no <u>fallemos</u>
✔ Mateo 28:18-20 - Dios está siempre <u>con</u> Sus <u>labradores</u>
✔ _____

Los Principios

✔ II Corintios 4:1-5 - Si <u>fallemos</u>, los perdidos <u>sufren</u> y Satanás gana
✔ _____
✔ _____
✔ _____

Los Ejemplos de Situaciones Verdaderas

☞*Cuando yo empecé mi segundo periodo, el co-labrador se retiró y toda la carga espiritual y física me tocó a mi (predicar/enseñar cuatro veces a la semana, consejería y visitación, mantenimiento del edificio, etc.)*

El Resumen Practico

☞Yo tengo que <u>seguir</u> en el ministerio que Dios me dio no importa los ayudantes humanos que tengo y <u>depender</u> en Dios para la sabiduría para saber lo que Él quiere que yo haga y la fortalezca para realizar todo para Su gloria

Los Ejemplos Bíblicos

✔ <u>Pablo</u> - II Corintios 2:12-13, 7:5-6, II Timoteo 4:16-17
✔ <u>David</u> - I Samuel 17:19-30
✔ <u>Sansón</u> - Jueces 16:32-31
✔

Los Pasajes para Exhortar la Fe

✔ Hebreos 13:5-6
✔ Juan 12:20-26
✔ _____
✔ _____

LA PERSPECTIVA BÍBLICA EN LA VIDA MISIONERA

LOS CONFLICTOS CON LOS CO-LABRADORES

El Significado

☞Cuando haya <u>diferencias</u> de personalidad, práctica, doctrina, etc. con los co-labradores que causan <u>tristeza</u> y <u>pena</u> y que puede destruir el ánimo para cumplir la obra con fidelidad

Los Catalizadores

✔ Las diferentes puntas de <u>vista</u> de una situación o para el futuro
✔ Los <u>entendimientos</u> diferentes de doctrina y práctica
✔ La falta de las <u>expectativas</u> realizadas
✔

La Perspectiva Bíblica

<u>Los Ejemplos</u>

<u>Pablo y Bernabé</u> y <u>Moisés, Aarón, y María</u>

✔ Los Pasajes:
  ✎ Pablo y Bernabé - <u>Hechos</u> 15:36-41
  ✎ Moisés, Aarón, y María - <u>Números</u> 12:1-15
✔ Las Circunstancias:
  ✎ P y B - Estaban <u>preparandose</u> para salir por su segundo viaje (36)
  ✎ M, A y M - Ellos estaban <u>trabajando</u> con Moisés para guiar Israel
✔ Las Reacciones:
  ✎ P y B - Ellos tuvieron <u>desacuerdo</u> sobre Juan Marcos (37-38)
  ✎ M, A y M - Ellos estaban <u>celosos</u> de Moisés y hablaron contra de él (1-2)
✔ Los Resultados:
  ✎ P y B - Ellos se <u>separaron</u> y buscaron otros <u>co-labradores</u> (39-41)
  ✎ M, A y M - Moisés estaba muy <u>manso</u> y Dios castigó a María (3-15)

Los Mandatos y Las Promesas

✔ Romanos 12:3-8, Filipenses 2:1-4 - Vivir en <u>humildad</u>
✔ Romanos 12:17-21 - Buscar la <u>paz</u> por hacer lo <u>bueno</u> al otro
✔ Gálatas 6:3-5 - Cumplir las <u>responsabilidades</u> propias
✔ I Pedro 5:5-6 - Mantener tu <u>puesto</u> y Dios te <u>levantará</u>

Los Principios

✔ Eclesiastés 4:9-12 - Tener <u>co-labradores</u> es lo mejor
✔ Proverbios 27:9, 17 - El <u>consejo</u> y <u>presencia</u> del amigo es precioso
✔ _____
✔ _____

Los Ejemplos de Situaciones Verdaderas

☞*Una diferencia de opinión en el consejo dado a una pareja joven*

El Resumen Practico

☞Yo tengo que <u>dedicarme</u> a trabajar en paz con los otros labradores de Dios por <u>mantener</u> una actitud de humildad y por <u>cumplir</u> mi propias responsabilidades para la gloria de Dios

Los Ejemplos Bíblicos

✔ Los doce <u>espías</u> de Israel (Josué y Caleb) - Números 13:1-14:38
✔ <u>Marta</u> y <u>María</u> - Lucas 10:38-42
✔ <u>Pablo</u> y <u>Pedro</u> - Gálatas 2:9-21
✔

Los Pasajes para Exhortar la Fe

✔ Salmos 41:9-13
✔ Salmos 55:12-14
✔ _____
✔ _____

LA PERSPECTIVA BÍBLICA EN LA VIDA MISIONERA

LOS SACRIFICIOS FAMILIARES

El Significado

☞La carga de la realidad que las <u>decisiones</u> propias les <u>afectan</u> a toda la familia y que pueden causar mucho <u>sufrimiento</u> físico y pena de corazón

Los Catalizadores

✔ La falta de <u>familia</u> y <u>amistades</u> por mudarse lejos
✔ La falta de las <u>cosas</u> materiales por sacrificar para la obra
✔ El <u>rechazamiento</u> de los de más por los hechos o dichos
✔

La Perspectiva Bíblica

Los Ejemplos

<u>Job</u> y <u>Abraham</u>

✔ Los Pasajes:
   ✎ Job - <u>Job</u> 1:1-22, 42:10-17
   ✎ Abraham - <u>Génesis</u> 22:1-14
✔ Las Circunstancias:
   ✎ Job - Él era <u>justo</u> y <u>servía</u> a Dios (1:1-12)
   ✎ A - Él recibió el mandato de Dios de <u>sacrificar</u> a Isaac (1-2)
✔ Las Reacciones:
   ✎ Job - Satanás <u>mató</u> a sus hijos pero Job no <u>pecó</u> (1:13-22)
   ✎ A - Él se levantó con Isaac para <u>obedecer</u> por sacrificarle (3-10)
✔ Los Resultados:
   ✎ Job - Él estaba <u>bendecido</u> por Dios por su obediencia (42:10-17)
   ✎ A - Dios <u>protegió</u> a Isaac y <u>proveyó</u> un carnero (11-14)

Los Mandatos y Las Promesas

✔ Deut. 6:13-25 - Los padres tienen que <u>enseñar</u> sus hijos <u>servir</u> a Dios

✔ _____

✔ _____

✔ _____

Los Principios

✔ Josué 25:15 - Toda la <u>familia</u> juntos debe <u>servir</u> a Dios
✔ Génesis 18:19 - El <u>hombre</u> debe ser <u>líder</u> de la casa
✔ Mateo 10:37-39 - Uno no debe <u>amar</u> a su familia más que a <u>Dios</u>
✔ Hebreos 11:32-40 - Mantener la <u>fe</u> en los <u>sacrificios</u>
✔ _____

Los Ejemplos de Situaciones Verdaderas

☞*Los hijos míos siempre me piden cuando voy a regresar cuando tengo que salir y cuando podamos tener tiempo para jugar cuando estoy en casa*

El Resumen Practico

☞Yo tengo que <u>hacer</u> cada decisión con la realidad que mi obediencia o desobediencia a Dios va a afectar a mi familia, pero no puedo <u>permitir</u> que los peligros me desanimen a obedecer los mandatos y la voluntad de Dios

Los Ejemplos Bíblicos

✔ <u>Noé</u> y su familia - Génesis 6:1-9, 9:19
✔ <u>Aquila</u> y <u>Priscila</u> - Hechos 18:1-2, 18-19, 26, I Corintios 16:19, II Timoteo 4:19
✔ <u>Felipe</u> y sus hijas - Hechos 21:8-9
✔ _____

Los Pasajes para Exhortar la Fe

✔ Salmos 127:1-5
✔ Lucas 14:26-33
✔

LA PERSPECTIVA BÍBLICA EN LA VIDA MISIONERA

LA FALTA FINANCIERA

El Significado

☞Cuando por la falta de <u>sostén</u> adecuado para <u>vivir</u> cómodo o <u>ministrar</u> liberalmente un sentimiento de desanimo y duda pueda ser producido

Los Catalizadores

✔ La falta de 100 % del <u>presupuesto</u>
✔ El <u>aumento</u> del costo de vida
✔ Las <u>emergencias</u> económicas (la reparación del carro, casa, o mal salud)
✔

La Perspectiva Bíblica

Los Ejemplos

Jesús y Pablo

✔ Los Pasajes:
  ✎ Jesús - <u>Juan</u> 6:1-14 *(Mateo 17:27, Lucas 9:58, Juan 19:23-24)*
  ✎ Pablo - <u>Filipenses</u> 4:15-20
✔ Las Circunstancias:
  ✎ Jesús - Él no tenía suficiente para <u>alimentar</u> a sus seguidores (1-7)
  ✎ Pablo - Él tenía <u>necesidades</u> durante su servicio para el Señor (15-16)
✔ Las Reacciones:
  ✎ Jesús - Él usó la comida del <u>niño</u> para alimentar a todos (8-11)
  ✎ Pablo - Los creyentes en Felipe <u>ayudaron</u> a Pablo (10-14)
✔ Los Resultados:
  ✎ Jesús - Ellos <u>comieron</u> y todavía tuvieron 12 <u>cestas</u> de extra (12-14)
  ✎ Pablo - Él recibió todo lo <u>necesario</u> y los creyentes recibieron una <u>promesa</u> (18-20)

Los Mandatos y Las Promesas

✔ Proverbios 3:9-10 - Dios provee para aquellos que Le ofrecen su mejor
✔ Mateo 6:24-34 - Dios provee para aquellos que buscan Su reino
✔ Marcos 10:28-30 - Dios promete cien veces más de lo que alguien deja
✔ _____

Los Principios

✔ Proverbios 30:8-9 - No debemos esperar por más de lo que necesitamos
✔ I Timoteo 6:3-9 - Debemos vivir contentos con lo que tenemos
✔ Santiago 1:16-18 - Todas las buenas cosas vienen por Dios
✔ _____

Los Ejemplos de Situaciones Verdaderas

☞*En el primer año después que llegamos, la luz y el agua aumentaron y el gobierno estableció el IVU de 7%*

El Resumen Practico

☞Yo tengo que depender en Dios para cada necesidad y recordar Su promesa de proveer para mi y el ministerio

Los Ejemplos Bíblicos

✔ Israel - Nehemías 9:19-22
✔ La Viuda y Elías - I Reyes 17:9-27
✔ Pablo - I Corintios 4:11-12, II Corintios 6:4, Filipenses 4:12-13
✔ _____

Los Pasajes para Exhortar la Fe

✔ Lucas 6:38
✔ Filipenses 4:14-20
✔ Santiago 4:1-3
✔ _____
✔ _____

LA PERSPECTIVA BÍBLICA EN LA VIDA MISIONERA

LA FALTA DE DIRECCIÓN

El Significado

☞El sentimiento de confusión por falta de dirección en el próximo paso de vida o como cumplir las ideas presentadas

Los Catalizadores

✔ El deseo pero ningún idea en como mejorar el ministerio
✔ El deseo de empezar un ministerio especifico pero la falta de como hacerlo
✔ _____
✔ _____

La Perspectiva Bíblica

Los Ejemplos

Gedeón y Pablo

✔ Los Pasajes:
   ✎ Gedeón - Jueces 6:1-7:25
   ✎ Pablo - Hechos 16:6-13
✔ Las Circunstancias:
   ✎ Gedeón - Jehová le llamó para salvar a Israel de su enemigo (6:1-35)
   ✎ Pablo - Quería ir a Asia y Frigia para ministrar (6-7)
✔ Las Reacciones:
   ✎ Gedeón - Él pidió por señales para confirmar el llamado (6:36-37, 39)
   ✎ Pablo - El Espíritu Santo le impidió de ir a Asia (6-7)
✔ Los Resultados:
   ✎ Gedeón - Él recibió sus peticiones y cumplió el mandato (38, 40-7:25)
   ✎ Pablo - Él recibió el llamado a Macedonia (8-13)

Los Mandatos y Las Promesas

✔ Salmos 37:4-5 - Dios dará el <u>deseo</u> del corazón de aquellos que <u>deleita</u> en El

✔ Salmos 37:23-24 - Dios dirigirá los pasos de aquellos que <u>deleite</u> en Él

✔ Proverbios 3:5-6 - Dios dirigirá los pasos de aquellos que no <u>dependan</u> en si

✔ I Juan 2:17 - Aquellos que <u>cumplen</u> la voluntad de Dios <u>vive</u> para siempre

Los Principios

✔ Génesis 24:27 - La voluntad de Dios está <u>revelado</u> a aquellos en el <u>camino</u>

✔ Romanos 12:1-2 - La voluntad de Dios <u>incluye</u> <u>separación</u> del mundo

✔ Romanos 15:32 - Cada ministerio debe ser para la <u>voluntad</u> de Dios

✔ I Pedro 4:19 - Algunas veces la voluntad de Dios incluye el <u>sufrimiento</u>

Los Ejemplos de Situaciones Verdaderas

☞*Cuando estábamos buscando la voluntad de Dios para empezar un ministerio nuevo en el norte*

El Resumen Practico

☞Yo tengo que <u>buscar</u> la voluntad de Dios en lo que Él quiere por el ministerio y como el desea que cumpla el ministerio por estudiar Su Palabra y <u>orar</u>, mientras tomar un paso a la vez

Los Ejemplos Bíblicos

✔ El <u>siervo</u> de Abraham - Génesis 24:1-67

✔ <u>David</u> - I Samuel 16:1-13, 23:1-16

✔ <u>Eliseo</u> y <u>Naamán</u> - II Reyes 5:1-16

Los Pasajes para Exhortar la Fe

✔ Lucas 11:5-13

✔ Efesios 6:6

✔ I Pedro 2:15

LA PERSPECTIVA BÍBLICA EN LA VIDA MISIONERA

LA VANIDAD DEL LABOR

El Significado

☞La sensación que todo el trabajo y sacrificio para <u>ayudar</u> una persona eran <u>inútiles</u> porque la persona no lo <u>aplica</u> para mejorar su vida

Los Catalizadores

✔ La falta de la <u>aplicación</u> de la Palabra predicada
✔ El <u>cambio</u> de la doctrina o práctica errónea después de instrucción dada
✔ El <u>rechazamiento</u> del amor después años de sacrifico para probarlo
✔

La Perspectiva Bíblica

Los Ejemplos

Jeremías y Pablo

✔ Los Pasajes:
  ✎ Jeremías - <u>Jeremías</u> 20:7-12
  ✎ Pablo - <u>I Tesalonicenses</u> 2:1-12, 3:1-13
✔ Las Circunstancias:
  ✎ Jeremías - Israel no <u>escuchó</u> su predicación de la Palabra de Dios (7-8)
  ✎ Pablo - Él había <u>enseñado</u> a los creyentes el Evangelio (2:1-12)
✔ Las Reacciones:
  ✎ Jeremías - Él estaba <u>desanimado</u> y quería <u>parar</u> (9a)
  ✎ Pablo - Él se <u>preocupó</u> que su fe era en vano y <u>envió</u> a Timoteo (3:1-5)
✔ Los Resultados:
  ✎ Jeremías - La Palabra había como un <u>fuego</u> en su carrazón y no podía <u>parar</u> (9b-12)
  ✎ Pablo - Él estaba <u>consolado</u> por el reporte de su fidelidad (6-13)

Los Mandatos y Las Promesas

✔ Isaías 55:11 - La Palabra de Dios siempre <u>produce</u> su <u>propósito</u>
✔ Gálatas 6:9 - Hay tiempo de <u>recoger</u> si haya <u>paciencia</u>
✔ Hebreos 6:10 - Dios no <u>olvida</u> las <u>obras</u> buenas para los demás
✔ _____

Los Principios

✔ Isaías 49:4 - El labor no es para los <u>demás</u> sino para <u>Dios</u>
✔ I Corintios 3:5-9 - La <u>responsabilidad</u> de producir el fruto es de <u>Dios</u>
✔ _____
✔ _____

Los Ejemplos de Situaciones Verdaderas

☞*Cuando dos jóvenes que comieron nuestra comida, y pasaron horas en estudios bíblicos, y trabajando en el ministerio conmigo, salieron para seguir alguien con suaves palabras y muchas actividades sociales*

El Resumen Practico

☞Yo tengo que <u>dedicarme</u> a servir a los demás no por ellos sino en el amor de Dios y <u>esperar</u> en Su recompensa más de los resultados en la vida de otras personas

Los Ejemplos Bíblicos

✔ <u>Isaías</u> - Isaías 50:10, Romanos 10:16
✔ Los <u>Discípulos</u> - Lucas 9:1-6
✔ <u>Pablo</u> - I Corintios 15:1-2, Gálatas. 4:9-31
✔ _____

Los Pasajes para Exhortar la Fe

✔ Salmo 126:5-6
✔ Salmo 127:1-5
✔ Eclesiastés 12:13-14
✔ Mateo 10:42

LA PERSPECTIVA BÍBLICA EN LA VIDA MISIONERA

LA PENA DEL RECHAZAMIENTO

El Significado

☞La tristeza de corazón por causa de ser <u>excluido</u> de aquellos alrededor o por tener una relación <u>terminada</u> contra la voluntad propia

Los Catalizadores

✔ El rechazamiento por la <u>gente</u> del pueblo por ser diferente
✔ El rechazamiento por causa de <u>instrucción</u> o <u>confrontación</u>
✔ El rechazamiento por causa de la influencia de <u>maestros</u> falsos
✔

La Perspectiva Bíblica

<u>Los Ejemplos</u>

<u>David</u> y <u>Pablo</u>

✔ Los Pasajes:
   ✎ David - <u>Salmo</u> 55:1-23, II Samuel 15:1-17, 31
   ✎ Pablo - <u>I Corintios</u> 9:1-27, 11:1 *(II Corintios 12:14-15, Gálatas 4:13-16)*
✔ Las Circunstancias:
   ✎ David - Él estaba <u>rechazado</u> por un <u>amigo</u> (1-14)
   ✎ Pablo - Él estaba <u>rechazado</u> por algunos <u>creyentes</u> in Corinto (9:1-3)
✔ Las Reacciones:
   ✎ David - Él <u>clamó</u> a Dios y <u>recordó</u> Sus hechos pasados (15-19)
   ✎ Pablo - Él <u>presentó</u> su <u>sacrificio</u> y <u>filosofía</u> del ministerio (20-23)
✔ Los Resultados:
   ✎ David - Él encontró <u>consuelo</u> y <u>protección</u> por Dios (20-23)
   ✎ Pablo - Él les edificó de <u>seguir</u> su ejemplo (11:1)

Los Mandatos y Las Promesas

✔ Lucas 6:27-31 - Orar por aquellos que te rechazan
✔ Romanos 12:17-21 - No busque la venganza contra aquellos que te rechazan
✔ I Pedro 2:19-23 - Tener paciencia con el rechazamiento
✔ I Pedro 3:9 - Bendecir a aquellos que te rechacen

Los Principios

✔ Génesis 50:19-20 - El rechazamiento de los demás es para nuestro mejor
✔ Mateo 10:16-26 - El rechazamiento viene por ser siervo del Señor
✔ John 15:18-21 - El rechazamiento viene por ser siervo del Señor
✔

Los Ejemplos de Situaciones Verdaderas

☞*Cuando, después de años de amistad, la relación estaba casi destruida por una decisión pequeña pero diferente de deseado, aunque produjo una bendición espiritual para la persona en necesidad*

El Resumen Practico

☞Yo tengo que enfocarme en mi relación personal con Dios, Quien nunca va a rechazarme, y amar a las otras que Él me lleve

Los Ejemplos Bíblicos

✔ Moisés por Israel - Éxodo 15:22-24, 16-2-3, 17:1-3, Números 14:1-4, 16:13-14, 41, 17:12-13, 21:4-5
✔ Jonatán por Saúl (el rey y su padre) - I Samuel 20:27-34
✔ Jesús por Judas - Mateo 26:48-50, Marcos 14:44-46, Lucas 22:47-48
✔

Los Pasajes para Exhortar la Fe

✔ Lucas 13:34
✔ I Pedro 3:14-17
✔ I Pedro 4:14-19
✔

LA PERSPECTIVA BÍBLICA EN LA VIDA MISIONERA

NO DESCANSO PARA LOS CANSADOS

El Significado

☞El <u>agotamiento</u> de cuerpo y alma por no tener <u>tiempo</u> personal intermedio de realizar las necesidades normales y las emergencias de la vida

Los Catalizadores

✔ El trabajo <u>físico</u> y <u>espiritual</u> duro
✔ El trabajo <u>frecuente</u> y consistante
✔ El trabajo sin <u>resultados</u> inmediatos
✔

La Perspectiva Bíblica

Los Ejemplos

<u>Elías</u> y <u>Jesús</u>

✔ Los Pasajes:
   ✎ Elías - <u>I Reyes</u> 18:7-19:4
   ✎ Jesús y Sus Discípulos - <u>Marcos</u> 6:30-34
✔ Las Circunstancias:
   ✎ Elías - Él <u>confrontó</u> al rey y le profeta falso (18:1-19:2)
   ✎ J y D - Ellos estaban <u>ministrando</u> sin tiempo para <u>descansar</u> (30-31a)
✔ Las Reacciones:
   ✎ Elías - Él estaba <u>desanimado</u> y deseaba a morir (19:3-18)
   ✎ J y D - Jesús <u>mandó</u> que ellos salieran para descansar (31b-32)
✔ Los Resultados:
   ✎ Elías - Él empezó de nuevo a <u>servir</u> a Dios (19:19-21)
   ✎ J y D - La multitud les siguió y ellos <u>continuaron</u> de ministrar (33-34)
      *Marcos 6:35-56

Los Mandatos y Las Promesas

✔ Isaías 40:29-31 - Dios ofrece <u>fuerza</u> a aquellos que <u>esperen</u> en Él
✔ II Corintios 4:1 - Dios ofrece <u>misericordia</u> para que no <u>desmayemos</u>
✔ Gálatas 6:9-10 - Hay tiempo de <u>recompensa</u> si no <u>desmayemos</u>
✔ _____

Los Principios

✔ II Corintios 1:8-10 - Dios es nuestro <u>salvador</u> cuando faltemos la <u>fuerza</u>
✔ II Corintios 12:10 - Es un privilegio ser <u>cansado</u> para el nombre de Cristo
✔ Filipenses 4:11-13 - Es posible <u>cumplir</u> todo lo necesario en la <u>fortaleza</u> de Cristo
✔ _____

Los Ejemplos de Situaciones Verdaderas

☞*Domingo por la tarde cuando tenía dolor de la espalda y quería descansar después de la escuela dominical y el culto por la mañana pero tenía que consejar un miembro de la iglesia hasta 15 minutos antes del culto por la tarde*

El Resumen Practico

☞Yo tengo que <u>depender</u> en Dios cuando me sienta débil por causa de mi tiempo y energía usado en el ministerio y <u>recordar</u> que Él reciba toda la gloria y alabanza por lo que Él produce a través de mi debilidad

Los Ejemplos Bíblicos

✔ <u>Moisés</u> - Génesis 17:11-12
✔ <u>Pablo</u> - II Corintios 4:1-3, 11:23-30
✔ La Iglesia de <u>Efeso</u> - Apocalipsis 2:1-7
✔ _____

Los Pasajes para Exhortar la Fe

✔ Salmos 27:13-14
✔ Salmos 101:13-18
✔ II Corintios 4:11

LA PERSPECTIVA BÍBLICA EN LA VIDA MISIONERA

SOLITO EN UNA MULTITUD

El Significado

☞El pensamiento y sentimiento que uno es <u>solo</u> porque él es <u>diferente</u> y no <u>conoce</u> la multitud alrededor

Los Catalizadores

✔ Las <u>filas</u> largas y <u>grupos</u> grandes sin un rostro familiar
✔ Estar en publico con gente que hablen una <u>idioma</u> extraña
✔ La supresa dada a uno cuando te ve por las <u>características</u> poco común
✔

La Perspectiva Bíblica

Los Ejemplos

Sadrac, Mesac y Abed-nego y Pedro

✔ Los Pasajes:
  ✎ S, M, y A - <u>Daniel</u> 3:1-30
  ✎ Pedro - <u>Mateo</u> 26:69-75
✔ Las Circunstancias:
  ✎ S, M, y A - Ellos estaban en Babilonia y se <u>negaron</u> de adorar el imagen de oro del rey (1-7)
  ✎ Pedro - Él estaba acusado de ser <u>seguidor</u> de Jesús y en parte reconocido por su forma de hablar (69-73)
✔ Las Reacciones:
  ✎ S, M, y A - Ellos estaban <u>reconocidos</u> como Judíos cuando acusados delante del rey (8-12)
  ✎ Pedro - Él <u>negó</u> que era seguidor de Jesús y trató de <u>cambiar</u> su forma de hablar (74)
✔ Los Resultados:
  ✎ S, M, y A - Ellos tuvieron la <u>oportunidad</u> de testificar al rey sobe su Dios (13-30)
  ✎ Pedro - El tenía <u>vergüenza</u> y salio la multitud (75)

Los Mandatos y Las Promesas

✔ I Tesalonicenses 5:5-8 - Como hijo del luz no debe ser como un hijo de las tinieblas

✔ I Pedro 2:11 - Como extranjero en la tierra no debe vivir según la carne

✔ _____

✔ _____

Los Principios

✔ Mateo 5:14-16 - El creyente es un luz en el mundo oscuro

✔ II Corintios 5:20 - El creyentes es embajador al mundo

✔ Hebreos 11:13 - El creyentes es peregrino en el mundo

✔

Los Ejemplos de Situaciones Verdaderas

☞ _Un noche cuando yo estaba en la calle después que un hombre asesinó al otro, era ovio en el momento que era extranjero y tenia mucha dificultad de entender las conversaciones alrededor para saber si era más peligro_

El Resumen Practico

☞Yo tengo que recordar que soy extranjero en todo el mundo y que Dios me dio un privilegio de ser luz en esta parte del mundo especifico

Los Ejemplos Bíblicos

✔ Abraham - Génesis 23:1-6

✔ Los Apostales - Hechos 2:7

✔ Pablo - Hechos 17:15-34

✔ _____

Los Pasajes para Exhortar la Fe

✔ Salmos 39:12

✔ Salmos 119:19

✔ _____

✔ _____

LA PERSPECTIVA BÍBLICA EN LA VIDA MISIONERA

EL TEMA: _____

El Significado

☞ _____

_____

Los Catalizadores

✔ _____

✔ _____

✔ _____

✔ _____

La Perspectiva Bíblica

Los Ejemplos

_____ y _____

✔ Los Pasajes:

✎ _____

✎ _____

✔ Las Circunstancias:

✎ _____

✎ _____

✔ Las Reacciones:

✎ _____

✎ _____

✔ Los Resultados:

✎ _____

✎ _____

Los Mandatos y Las Promesas

✔ _____
✔ _____
✔ _____
✔ _____

Los Principios

✔ _____
✔ _____
✔ _____
✔ _____

Los Ejemplos de Situaciones Verdaderas

☞ _____

_____

El Resumen Practico

☞ _____

Los Ejemplos Bíblicos

✔ _____
✔ _____
✔ _____
✔ _____

Los Pasajes para Exhortar la Fe

✔ _____
✔ _____
✔ _____
✔ _____

LOS PRINCIPIOS Y LOS MÉTODOS DE LAS MISIONES 2

SECCIÓN #2

INTRODUCCIÓN

EL REQUISITO DE SER UN SIERVO ESTUDIANTE
EN EL CAMPO MISIONERO
I CORINTIOS 9:19-23

✔ El <u>siervo</u> de todos para ministrar a los más posible (19)

✔ El <u>estudiante</u> de todos para saber como ministrar a los más posible (20-23)

   ✎ Estudiante de la <u>cultura</u> de la gente

   "... a todos me he hecho de todo, para que de todos modos salve a algunos."

      ☞ Observar su <u>idioma</u> (acento, dichos, modismos, chistes, etc.)

      ☞ Observar su condición de <u>vivir</u>

      ☞ Observar sus <u>intereses</u> y <u>desintereses</u>

      ☞ Observar sus <u>hábitos</u>

      ☞ Observar su forma de <u>gobierno</u> y sistema de hacer <u>negoció</u>

   ✎ Estudiante de los <u>mandatos</u> de Dios

   "... no estando yo sin ley de Dios, sino bajo la ley de Cristo ..."

      ☞ Mantener un estudio <u>bíblico</u> personal diario (Salmo 1:1-6)

      ☞ Mantener una <u>dependencia</u> en la Palabra por cada área de la vida y el ministerio (II Pedro 1:2-4)

Los Motivos de Ser Siervo
y Estudiante en el Campo Misionero
Mateo 22:36-40
II Corintios 4:5, 12:15

✔ Amar a <u>Dios</u> por conocer mejor Sus mandatos y depender en Su ayuda para estudiar Su Palabra y comunicarse con Él en oración

✔ Amar a los <u>demás</u> por conocer mejor sus necesidades por estudiar su vida, por observación y comunicación

EL CHOQUE CULTURAL

☞ Los significados

✎ Choque - "Impresión intensa que recibe una persona y que altera profundamente su estado mental y sus sentimientos." (Diccionario Escolar Lengua Española, VOX, 2000)

✎ Cultura - "Conjunto de conocimientos, ideas, tradiciones y costumbres que caracterizan a un pueblo o a una época." (Diccionario Escolar Lengua Española, VOX, 2000)

El Choque Cultural
El conflicto personal
cuando se encuentre en una cultura diferente de su propia
que causa un impedimento de funcionar
sin distracción mental ni preocupación emocional
porque de las sensaciones de confusión, falta, y frustración
mientras que cumpla sus responsabilidades diarias.

I. Las consideraciones sobre la cultura

A. La cultura refleja la <u>creencia</u> de la gente. Por lo tanto, la religión tiene mucha influencia sobre muchas de las áreas de la cultura.
*Porque la cultura es establecida por la mayoría de la gente, y porque la mayoría de la gente son incrédulos, la cultura refleja mucha carnalidad.

B. La cultura es las costumbres <u>establecidas</u> por tiempo pero puede <u>cambiarse</u> por las influencias nuevas.

C. La cultura es lo que la gente <u>entiende</u> cómo la vida normal y cumple sin pensar.
*Es imposible enseñar eficazmente contra carnalidad de la cultura sin las normas de Dios presentadas y recibidas del corazón

"¡Yo voy a honrar la cultura
cuando la cultura no se deshonre a Dios!"

II.   Los ejemplos de honrar la cultura
      *II Corintios 4:1-6
      *Un ejemplo de deshonrar la cultura por quemar los libros culturales y
      mundanos - Hechos 19:18-20
      A.   Hechos 13:5, 14, 14:1, 17:1, 10, 17, 18:4, 19, 19:9 - Pablo predicó al
           principio en los <u>sinagogas</u> (el lugar por instrucción religiosa en publico)
      B.   Hechos 16:1-3 - Pablo circuncidó a <u>Timoteo</u>
      C.   Hechos 17:16-34 - Pablo esperó la <u>invitación</u> para predicar en Areópago
           y usó el altar "AL DIOS NO CONOCIDO" para presentar el Evangelio
      D.   Hechos 18:18 - Pablo <u>rapó</u> su cabeza por un voto
      E.   Hechos 21:17-26, 24:10-13 - Pablo honró la <u>purificación</u> de la ley de
           Israel.

¡La meta del misionero
no es que
introduzca su cultura al país nuevo
sino que
introduzca su Cristo a las personas nuevas!

III. El choque cultural es real
      *Números 11:4-6, Salmo 137:1-4
      *El cambio de cultura es como el afecto de cafeína: hay personas que no afecta
      nada por tomarla, hay personas que reciben beneficios por tomarla, y hay
      personas que no pueden tomarla por los afectos duros que le produce. Por lo
      tanto, nadie puede declarar que los afectos de cafeína no existen según las
      limitaciones de su experiencia personal.

      A.   Hay personas que no están <u>afectadas</u> por la cultura nueva
      B.   Hay personas que <u>desfrutan</u> y crezcan en su vida personal y espiritual por
           la cultura nueva
      C.   Hay personas que están <u>destruidas</u> por la cultura nueva

D.   El choque cultural <u>afecta</u> a cada persona en la familia a un nivel diferente
1.   El <u>marido</u> - sufre por causa de la dificultad de proveer para su familia y no cumplir el ministerio
*El sufrimiento le puede pasar lo más rápido, porque él se puede enfocar en otras cosas.
2.   La <u>mujer</u> - sufre por falta de su familia y amistades mientras tratar de mantener la casa sin lo que está acostumbrada y siempre se preocupa por sus hijos
*El sufrimiento dura más y vuelve más frecuentemente porque ella esta sólita en casa cuando su marido esté preocupado y porque ella está más acostumbrada a tener tiempo y contacto con sus amados.
3.   Los <u>niños</u> - sufren porque su mundo está destruido porque no tienen sus amistades y lugares normales, y no tienen la habilidad de prepararse mentalmente
*El sufrimiento depende más de nada en la reacción y cuida de los padres. Si los padres están siempre hablando mal sobre las nuevas situaciones, los niños van a pensar que merecen mejor y estar enojado con Dios. Pero si los padres usan las oportunidades de enseñarlos sobre el privilegio de servir al Señor en un lugar especial y comunicar una actitud de satisfacción, los niños van a disfrutar su vida nueva y la seguridad del consuelo de sus padres.
E.   El nivel de afecto depende en ...
1.   Sus <u>experiencias</u> pasadas
2.   Su <u>edad</u>
3.   Su <u>personalidad</u>
4.   Su <u>dedicación</u> a los hábitos personales
5.   Su habilidad por <u>flexibilidad</u>
6.   Su <u>interés</u> en exploración
7.   Su <u>entendimiento</u> de personas
8.   Su <u>salud</u>

IV.   La duración del choque cultural
A.   Se puede <u>pasar</u> rápido (días/meses)
B.   Se puede <u>durar</u> por tiempo (años)
C.   Se puede <u>tocar</u> algunas áreas y no tocar a los otros
D.   Se puede <u>volver</u> en cualquier momento

E.   Se puede ser causado por <u>tontearías</u>

F.   **Se puede experimentar en <u>reversa</u> cuando regresa a la cultura original**

V.   La progresión del choque cultural
   1.   <u>Disfrutar</u> con alegría la novedad
   2.   <u>Investigar</u> con anticipación las diferencias y los significados
   3.   <u>Molestar</u> con frustración por la necesidad de vivir con las diferencias y limitaciones
   4.   <u>Entender</u> con paciencia las deferencias y limitaciones
   5.   <u>Aceptar</u> y vivir con calma en las nuevas normas

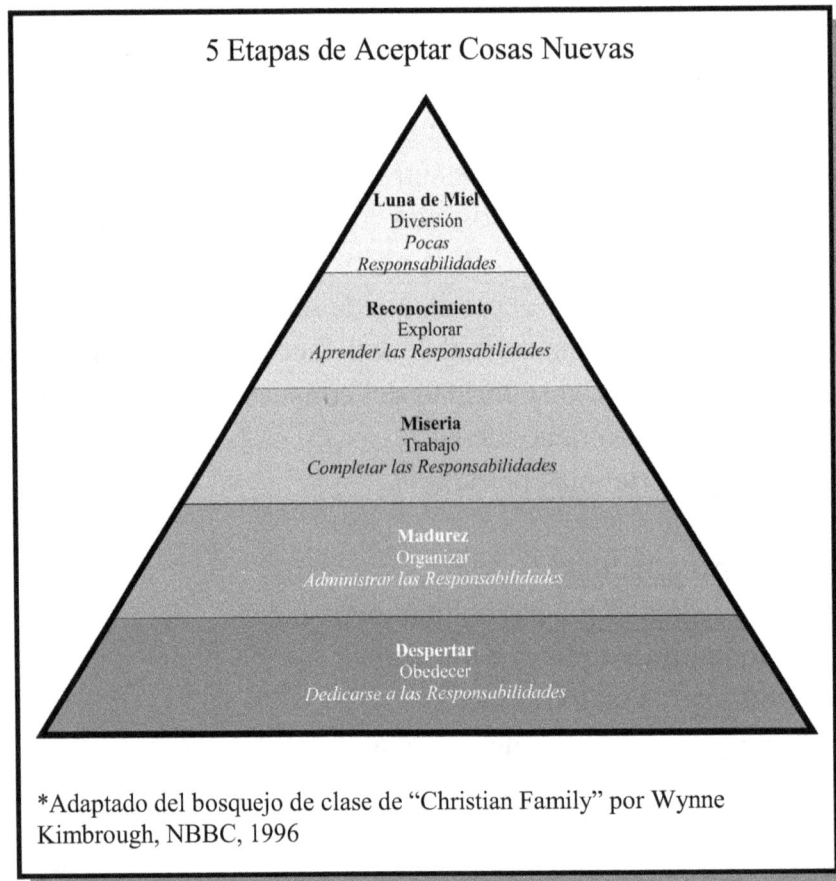

5 Etapas de Aceptar Cosas Nuevas

Luna de Miel
Diversión
Pocas Responsabilidades

Reconocimiento
Explorar
Aprender las Responsabilidades

Miseria
Trabajo
Completar las Responsabilidades

Madurez
Organizar
Administrar las Responsabilidades

Despertar
Obedecer
Dedicarse a las Responsabilidades

*Adaptado del bosquejo de clase de "Christian Family" por Wynne Kimbrough, NBBC, 1996

VI.   Los catalizadores del choque cultural
    A.   La <u>religión</u>
        *La religión es la influencia más fundamental en la cultura porque la gente viven según su creencia
    B.   La <u>carnalidad</u> de pecado
    C.   El <u>idioma</u> (acento, palabras, modismos, etc.)
        *La mayoría de confusión y choque cultural toca el idioma porque sin el idioma no haya manera de entender la gente y amar su alma para que pueda cumplir el propósito de compartir el Evangelio de Dios
    D.   El <u>clima</u>
    E.   La <u>naturaleza</u> (vegetación, animales, insectos)
    F.   Las <u>estructuras</u> (casas, edificios, etc.)
    G.   Las <u>condiciones</u> de vivir
    H.   Falta de <u>conocimientos</u> de ubicaciones
    I.   El <u>tránsito</u>
    J.   La <u>comida</u>
    K.   Las <u>características</u> de la gente (física, actitud, hábito, etc.)
    L.   La manera de <u>pensar</u> de la gente (sistema de valor y evaluar)
    M.   Los estados <u>sociales</u>
        1.   Hombre/Mujer
        2.   Pobre/Rico
        3.   Adulto/Niño
    N.   La manera de <u>confrontación</u>
    O.   El <u>vestimento</u>
    P.   El <u>dinero</u> y manera de <u>comprar</u>
    Q.   Las <u>tiendas</u> y los <u>productos</u> disponibles
    R.   La <u>limpieza</u>
    S.   El valor de <u>tiempo</u>
    T.   Los <u>saludos</u> y la hospitalidad
    U.   Los <u>peligros</u>
    V.   El <u>gobierno</u>
    W.   El <u>rechazamiento</u> de la gente
    X.   La <u>falta</u> de familia y amistades
    Y.   Las <u>tontearías</u> que se sumen el uno por el otro

VII.   Los sintamos del choque cultural
    A.   <u>Fatiga</u>
    B.   Deseo de <u>esconderse</u>

    C.   Inseguridad y duda constante

    D.   Cambio de personalidad

    E.   Dolor de cabeza, músculos, estómago, etc.

    F.   Falta de concentración y memoria

    G.   Compariciones frecuentes de la vida vieja

    H.   Irritación y falta de paciencia

    I.   Desánimo

    J.   Soledad

VIII. El consejo para manejar el choque cultural

    A.   **Estudiar** la Palabra de Dios para conocerle mejor y investigar Sus promesas - II Pedro 1:3-4

    B.   **Recordar** la presencia de Dios - Filipenses 4:11, Hebreos 13:5

    C.   **Permitir** que el amor de Dios se anime a cumplir la comisión y voluntad de Dios - Mateo 28:18-20, II Corintios 5:14-21

    D.   **Determinar** a ser fiel como el soldado de Dios - II Timoteo 2:3-4

    E.   **Calcular** la recompensa del sacrificio - Marcos 10:28-31, Romanos 8:18

    F.   **Considerarse** peregrino en este mundo - Hebreos 11:13

    G.   **Aceptar** y **buscar** las oportunidades para empezar nuevas relaciones con la gente por participar en las actividades sociales - Marcos 10:28-31

    H.   **Aprender** de estar contento con las provisiones de Dios - I Timoteo 6:5-8 *No se hace comparaciones con los demás - II Corintios 10:12, Hebreos 13:5

    I.   **Dedicarse** a aprender y usar el idioma lo más pronto y frequentemente posible - Daniel 1:4-5

    J.   **Depender** en el consuelo de Dios y permitirle a proveerlo por los otros creyentes - II Corintios 1:3-6

    K.   **Compartir** las cargas con los otros creyentes (con buena actitud) para que puedan orar y apoyar - II Corintios 1:8-11

    L.   **Mantener** una actitud de amor con sacrificio y servicio por los demás - II Corintios 4:5, 12:15

    M.   **Olvidar** la vida vieja y los beneficios conectados y reemplazar las memorias con las anticipaciones de la nueva - Hebreos 11:14-16

LAS PREPARACIONES
POR EL CHOQUE CULTURAL
PARA EL MISIONERO

En Preparación por la Partida

❏ Cumplir <u>estudios</u> bíblicos sobre los mandatos y promesas de Dios.

❏ Leer <u>libros</u> por los cuales puede prepararse espiritualmente por los sacrificios y bendiciones del ministerio (biografías, estudios bíblicos, etc.).

❏ Memorizar los <u>versículos</u> que pueden exhortar su fe en las dificultades.

❏ Escribir un <u>reporte</u> de como Dios ha relavado Su voluntad y provisión para dirigirte hasta este punto de vida y ministerio.

❏ Recoger toda la <u>información</u> posible sobre su campo misionero por hacer viajes, estudios, y entrevistas de otros misioneros.

❏ Estudiar el <u>idioma</u> y empezar e practicarlo lo más frequentemente posible.

❏ Planear y preparar en la mejor manera posible por las primeras <u>necesidades</u> cuando llegue a país
*Si el misionero tiene una familia, es buena idea que el marido visita al país un mes antes que toda la familia se mude para asegurar las provisiones
*Si no puede visitar, comunicar con otro misionero para verificar que todo está bien preparado.
    ❏ Tener <u>vivienda</u> preparada
    ❏ Tener <u>transportación</u> preparada
    ❏ Tener <u>alimento</u> y las <u>básicas</u> preparada

❏ Esperar a <u>salir</u> por el campo misionero hasta que Dios haya proveído todo lo necesario y es claro que sea el tiempo correcto.

LAS PREPARACIONES PARA LOS PRIMEROS DÍAS

❏ Tomar <u>tiempo</u> especifico para estudiar las Escrituras en sus divocionales personales que se puede exhortar a ser fiel.

❏ Leer <u>libros</u> sobre quienes Dios, Su amor, y Su presencia.

❏ Orar siempre y mantener una <u>lista</u> de peticiones y respuestas a las peticiones.

❏ Tener dos o tres <u>creyentes</u> fieles que le pueden ofrecer consejo sabio, consuelo amable, y oración constante, y con quien se puede comunicar cualquier dificultad o temor.

❏ Pedir por y aceptar la <u>ayuda</u> y el <u>consejo</u> de otros misioneros y nacionales para encontrar las necesidades para la vida y el ministerio.

    ❏ Por los <u>médicos,</u> dentistas, etc.

    ❏ Por las <u>tiendas,</u> barberos, etc.

    ❏ Por los <u>mecánicos,</u> plomero, etc.

    ❏ Por los <u>impuestos,</u> normas legales, etc.

❏ Dar cuenta que los <u>dificultades</u> que enfrentará y los sentimientos que tendrá son verdaderos y normales y que usted no es el único confrontado por ellos sino que en ambos las Escrituras, la historia y el presente en los misioneros han guardado la fe y recibido la recompensa de la bendición de Dios.

❏ Sacar tiempo específico para con su <u>familia</u> para animarlos y asegurarlos del amor familiar y de Dios.

    ❏ Estar preparado de dar <u>consejo</u> y ejemplos bíblicos de otros que sacrificaron para Dios para que cada uno (incluyendo a los niños) no estén desanimado.

El Idioma

El idioma del grupo de gente revela su corazón y su forma de pensar. También, es la única manera en que ellos pueden saber el corazón de Dios y los pensamientos Suyos. Por lo tanto, es de mayor importancia que el misionero tiene la meta de aprender el idioma del corazón de la gente con la mejor habilidad de ambos entender la necesidad de la gente y comunicar las soluciones de Dios con la mejor claridad posible.

La Comunicación es la Ventana al Corazón
Lucas 6:45

☞ La comunicación revela lo que está en el corazón del hombre
☞ La comunicación lleva la luz del Evangelio al corazón del hombre

I. Las metas de comunicación
   *I Corintios 14:7-11
   A. Escuchar con <u>entendimiento</u>, no solo las palabras articuladas, sino el corazón, los pensamientos y las necesidades representadas
   B. Hablar con <u>claridad</u> para compartir el amor y las soluciones de Dios a la persona en necesidad

II. Los métodos de comunicación
   A. Las palabras <u>articuladas</u>
   B. Las palabras <u>escritas</u>

C. *Las palabras* <u>*pensadas*</u> *pero no comunicadas*
   1. *La expresión* <u>*facial*</u>
   2. *El lenguaje* <u>*corporal*</u>
   3. *La reacción por la* <u>*acción*</u>

III. Las limitaciones de la comunicación
   A. El <u>vocabulario</u>
   B. La <u>pronunciación</u>/el acento
   C. Los <u>modismos</u>
   D. La <u>velocidad</u>
   E. El <u>volumen</u>
   F. Los cambios del <u>tema</u>
   G. Los <u>medios</u> (teléfono, computadora, etc.)

IV. Los peligros de comunicación mala
   A. La limitación de sentirse <u>cómodo</u> en compartir y entender con profundidad el corazón y necesidad personal para dar consuelo y consejo
   B. La limitación de comunicar con <u>claridad</u> completa las soluciones bíblicas por las situaciones especificas
   C. La limitación de comunicar las <u>expectativas</u> y los <u>planes</u>
   D. La limitación de <u>responder</u> rápido en tiempo de emergencia
   E. La limitación de <u>clarificar</u> malentendidos y <u>resolver</u> desacuerdos
   F. La facilidad de <u>ofender</u> aun cuando esté tratando de no hacerlo (Santiago 3:2-8)
   G. La facilidad de experimentar <u>prejuicio</u> por la inhabilidad de comunicarse sobre las diferencias

**"¡Cuando haya confusión en la comunicación
haya conflicto y frustración en el corazón!"**

V. Las ayudas para mejorar la comunicación
   A. <u>Estudiar</u>
      1. Estudiar en una <u>escuala</u> de idioma
         a. Aprender los <u>vocabularios</u>
         b. Aprender la <u>fonética</u> de las palabras
         c. Aprender los <u>lugares</u> de la boca para pronunciación correcta
         d. Aprender las <u>excepciones</u> de las normas

    2.   Estudiar con un <u>tutor</u> de la misma área

    3.   Estudiar <u>periódicamente</u> a través los años

    4.   Estudiar los <u>significados</u> de las palabras nuevas que se encuentra

B. <u>Escuchar</u>

    1.   Escuchar la <u>radio</u>

    2.   Escuchar/ver las <u>noticias</u>

    3.   Escuchar la <u>Biblia</u> grabada

    4.   Escuchar la <u>predicación</u> de los nacionales

    5.   Escuchar las <u>conversaciones</u> generales (entremedio los nacionales)

C. <u>Leer</u>

    1.   Leer los <u>periódicos</u>

    2.   Leer la <u>Biblia</u>

        a.   Leerla en silencio para entender el significado

        b.   Leerla con voz alta para practicar la pronunciación y el ritmo de los versículos

D. <u>Hablar</u>

    1.   Hablar con los <u>creyentes</u> sobre temas bíblicos para recibir corrección de las palabras bíblicas/religiosas

    2.   Hablar con los <u>vecinos</u> y los otros amables sobre los temas generales para recibir corrección de las palabras seculares

E. <u>Escribir</u>

    1.   Escribir/teclear para <u>copiar</u> los libros profesionales

    2.   Escribir las <u>notas</u> cuando escuche la instrucción de los otros

    3.   Escribir los <u>bosquejos</u> en preparación a dar instrucción

    4.   Escribir para que alguien pueda <u>evaluar</u> los errores y dar las correcciones

        *Es lo mejor que tenga un nativo corregir los errores para que no haya duda en las correcciones y que reciba las mejores explanaciones de las razones

F. <u>Preguntar</u>

    1.   Preguntar sobre las <u>palabras</u> correctas

    2.   Preguntar sobre las <u>pronunciaciones</u> correctas

    3.   Preguntar sobre los <u>modismos</u> por circunstancias especificas

    4.   Preguntar sobre las <u>diferencias</u> del uso de las palabras por diferentes lugares

G. Memorizar
1. Memorizar las <u>palabras</u> específicas
2. Memorizar los <u>modismos</u>
3. Memorizar los <u>versículos</u> de la Escritura

H. <u>Practicar, PRACTICAR, Practicar</u>
1. Practicar lo que va a <u>presentar</u> en público
2. Practicar con su <u>familia</u> en la casa
3. Practicar por repetir en <u>privado</u> las cosas nuevas

VI. El consejo para progresar en la comunicación
A. <u>Aceptar</u> que Dios le creó con las habilidades necesarias para cumplir Su plan para Su ministerio (I Corintios 1:25-29)
B. <u>Siempre</u> continua a mejorarse en sus habilidades con todo su corazón (Eclesiastés 9:10)
C. <u>Mantenerse</u> humilde cuando reciba las correcciones (Proverbios 10:8, 12:15, 19:20)
D. <u>Enfocarse</u> en las habilidades que Dios le dio y no hacerse comparaciones con los de más (II Corintios 10:12)
E. <u>Depender</u> en la sabiduría de Dios para el entendimiento correcto (Santiago 1:5-8)
F. <u>Recordar</u> que las palabras suaves humanas frequentemente causen más distracciones de las palabras directas de Dios (I Corintios 2:1-5)

LA CASA

La casa del misionero es una de las cosas más importantes para su familia y ministerio. Por lo tanto, él tiene que considerar bien las opciones disponibles con mucha oración, y estar contento con la que Dios provea.

La Casa Es Un Faro
Mateo 5:14-16

☞ Un faro de refugio para el misionero y su familia
*La casa es un lugar familiar en que toda la familia puede vivir adecuadamente y en harmonía para cumplir el ministerio de Dios (I Timoteo 5:8).
  ✎ La casa debe ser un lugar de <u>protección</u> de las presiones del mundo alrededor
  ✎ La casa debe ser un lugar de <u>descanso</u> después del trabajo del ministerio
  ✎ La casa debe ser un lugar de <u>preparación</u> y <u>estudio</u> para cumplir mas ministerio
☞ Una faro de aviso para proclamar el Evangelio
  ✎ La <u>Reflexión</u> de Cristo - La casa debe estar en un lugar que puede revelar el Evangelio a los vecinos
  ✎ La <u>Rescate</u> de Cristo - La casa debe estar abierta a recibir aquellos en necesidad
  ✎ La <u>Recuerda</u> de Cristo - La casa debe estar disponible para recordar a los creyentes del Evangelio y la vida que le da por el discipulado y compañerismo cristiano

I.   El estándar de la casa
- A. Investigar las <u>expectaciones</u> de la gente (a quien va a ministrar) por un misionero/ministro de Dios
  *Es siempre más fácil a alcanzar la gente del estándar de vivir mas abajo de mas arriba
- B. Entender las <u>necesidades</u> del ministerio
  *Ejemplo: oficina, sala de culto, etc.
- C. Evaluar el <u>tamaño</u> y <u>necesidades</u> verdaderos de la familia

II.   El precio de la casa
- A. No más de lo que es <u>racional</u>
  1. <u>Visitar</u> algunas casas para saber la norma
  2. No <u>permitir</u> un precio muy alto porque tiene apoyo de afuera del país
- B. No más del <u>presupuesto</u>

III. El lugar de la casa
- A. En el mismo <u>pueblo</u> del ministerio
- B. En un lugar <u>seguro</u>
  *Si haya peligros, planee y realiza todo lo necesario para proveer un nivel de seguridad para calmar las preocupaciones (II Corintios 11:32-33)
- C. En un lugar <u>accesible</u>
  1. Cerca a los <u>vecinos</u>
  2. Cerca y abierta a <u>aquellos</u> del ministerio
- D. En proximidad a la <u>transportación</u>, los <u>negocios</u>, los <u>médicos</u>, etc.

IV. El tamaño de la casa
- A. Amplia para la <u>familia</u>
  1. Cuartos para los <u>niños</u>
  2. Cuarto para la <u>escuela</u>
- B. Amplia para el <u>ministerio</u>
  1. <u>Oficina</u>
  2. <u>Estudios</u> bíblicos
  3. <u>Compañerismo</u> cristiano
  4. Sala para la <u>iglesia</u>
- C. Amplia para las <u>visitas</u>
  *Visitas en viaje para ver y ayudar el ministerio (III Juan 1:5-8)

V. El alquilo o la compra de la casa
  A. <u>Alquilar</u>
   *Siempre es lo mejor de tener un contracto escrito con el dueño de la casa para que no haya dificultades en la relación
   1. Los beneficios
     a. La oportunidad de <u>conocer</u> el pueblo y barrio mejor
     b. La <u>flexibilidad</u> para la mudanza de la familia o el ministerio
     c. Menos <u>responsabilidades</u> de mantenimiento
   2. Los detrimentos
     a. El <u>preció</u> puede cambiarse
     b. El <u>control</u> de las reparaciones
     c. Las <u>limitaciones</u> en mejores para hacerla adecuada para el ministerio
     d. La <u>pérdida</u> del pago y cualquier mejores
  B. Comprar
   1. Los beneficios
     a. El precio es <u>fijo</u>
     b. El derecho de <u>mejorar</u> la a las especificaciones necesarias para la familia y el ministerio
     c. La familia tiene <u>lugar</u> para si misma
     d. La gente del pueblo y ministerio saben que está <u>quedándose</u>
   2. Los detrimentos
     a. El <u>pronto</u>, <u>papeles</u> legales, <u>impuestos</u>, etc.
     b. Menos <u>flexibilidad</u> para la mudanza de la familia o ministerio
     c. La <u>responsabilidad</u> por toda el mantenimiento y las reparaciones

VI. Las preparaciones de la casa
   *Siempre pedir a Dios por la sabiduría en eligir la casa y las compras. Cuando pueda, espera veinticuatro horas antes que confirma la decisión. En estas veinticuatro horas, busque otras opciones y pedir a Dios que revele las faltas del lugar si no sea Su voluntad.
   *Si es posible, trate a asegurar una casa o algunas opciones antes de que toda familia llega al país para limitar el tiempo en un lugar temporal (use otros contactos en el pueblo, el agente inmobiliario, los periódicos, el internet, etc.)
  A. Asegurar los de <u>acuerdos</u> legales (contracto, título, préstamo, etc)
  B. Abrir las <u>cuentas</u> del luz, el agua, etc.
  C. <u>Limpiar</u> y <u>pintar</u> todo lo necesario

D.   Asegurar la <u>casa</u> (puertas, ventanas, etc.)
E.   Comprar los <u>mueblas</u> y <u>enseres</u> necesarios
   1.   <u>Evaluar</u> el precio con el valor del producto con el entendimiento que está pegando por una calidad que no tiene que remplazar pronto
   2.   <u>Tratar</u> a mantener un ambiente familiar para que la familia tenga un refugio
   3.   <u>Asegurar</u> que está comprando las camas y los colchones de calidad para que pueda descansar bien y tener la energía y salud para hacer el ministerio bien

LA TRANSPORTACIÓN

La transportación es muy importante para tener libertad a proveer para la familia y avanzar el Evangelio. Por lo tanto, cada misionero tiene que evaluar bien los beneficios y limitaciones del sistema de transportación en el pueblo y país para que pueda hacer una decisión sabia en cual tipo de transportación va a depender.

La Transportación es la Máquina del Progreso
Mateo 28:19-20

☞ La transportación es la maquina para proveer para la familia

☞ La transportación es la maquina para extender el Evangelio

I. Las formas de transpiración
    A. Transportación <u>publica</u>
        1. <u>Autobús</u>
        2. <u>Taxi</u>
        3. <u>Tren</u>
        4. <u>Bote/Barco</u>
    B. Transportación <u>privada</u>
        1. Los <u>pies</u>
        2. Los <u>animales</u>
        3. <u>Bicicleta</u>
        4. <u>Motocicleta</u>
        5. <u>Carro/Guagua</u>
        6. <u>Avión</u>

II.   Las consideraciones de la transportación
    A.   ¿Cuál forma se usa la <u>mayoría</u> de la gente en el pueblo?
    B.   ¿Cuáles son las <u>condiciones</u> de las calles?
    C.   ¿Cuál forma es más <u>práctica</u> para la familia y el ministerio?
        1.   Por el <u>precio</u> (compra o pago)
        2.   Por la <u>economía</u> (gasolina y mantenimiento)
        3.   Por el <u>tiempo</u> en viaje (energía y trafico)
        4.   Por la <u>carga</u> (materiales y gente)
            a.   La <u>familia</u>
            b.   La <u>gente</u> del ministerio
            c.   Las <u>visitas</u> que visiten el ministerio
            d.   Las <u>compras</u> para la familia
            e.   Las <u>compras</u> para mantener, edificar, y construir el ministerio
    D.   ¿Cuáles son las <u>leyes</u> de transportación
        1.   <u>Licencia</u>
        2.   <u>Seguro</u>
        3.   Pesa de la <u>carga</u>
        4.   Número de los <u>pasajeros</u>
    E.   ¿Cuáles son las maneras en que las formas de transportación <u>mejoran</u> o <u>limitan</u> el Evangelio?
    F.   ¿Qué es el <u>presupuesto</u> mensual para mantener cualquier forma de transportación elegida?

III.   La usa de la transportación publica
    A.   Investigar la <u>fidelidad</u>
    B.   Considerar la <u>seguridad</u>
        *Seguridad de toda la familia
    C.   Aprender el <u>horario</u>
        1.   Puede limitar el horario de la familia
        2.   Puede limitar el horario del ministerio
    D.   Siempre tener <u>dinero</u> disponible
    E.   Usar su <u>tempo</u> para conocer y evangelizar la gente

IV. La compra de transportación privada
   A. No revelar <u>cuanto</u> tiene para compra el vehículo
      1. Estoy buscando un vehículo para este <u>propósito</u>
      2. Estoy buscando un vehículo cerca de este <u>año</u>
      3. Estoy considerando vehículos cerca de está <u>precio</u> (simple presente el precio un poco debajo su limite)
   B. Comprar sin <u>prisa</u> (tener paciencia para mirar todas las opciones)
   C. No comprar por las <u>palabras</u> suaves del vendedor, sino por el vehículo de valor y lo que es adecuado para su familia y ministerio
   D. Cuando posible, lleve una <u>persona</u> digna de confianza que sabe el idioma del pueblo y que tiene experiencia de comprar vehículos en la misma área
      *Pida permiso de llevar el vehículo al mecánico
   E. Pedir una <u>prueba</u> por guiar y manejarlo como en calles de pueblo, autopista, mal condición, etc., para investigar el motor, frenos, suspensión, y cualquier otro oídos rados
   F. Investigar toda la <u>historia</u> del vehículo (mantenimiento, choque, etc.)
   G. Cuando posible, compre de un <u>negocio</u> verdadero que tiene buena reputación en el pueblo
   H. Pedir las <u>garantías</u> disponibles
   I. No empezar a firmar ningún hoja de negoció hasta que sepa el <u>precio</u> completo (impuestos, honorarios, etc.)
   J. Orar a Dios por <u>sabiduría</u> a través todo el proceso, y determinar de rechazar cualquier vehículo, no importa como aperece, si Dios revele algo que no caiga bien
      *Aun cuando encuentre el vehículo bueno, pide un día para considerar la compra para que la voluntad de Dios esté bien clara

LA FAMILIA

La familia del misionero es su mejor posesión terrenal. Es su familia que le ayuda a encargar las cargas del ministerio y nueva vida mientras compartir consolación necesaria y disfrutar el gozo de las experiencias diarias. Por lo tanto, el misionero debe dar gracias a Dios por la provisión perfecta a través su cónyuge y sus hijos. El debe disfrutar las oportunidades de servir su Señor con los más amados de su vida. También, él debe reconocer las responsabilidades grandes de dirigir a la familia, ambos en la vida espiritual y física, y él debe proveer con toda su habilidad para su provisión y protección.

La Familia es el Don Físico más Precioso

☞ El marido es el guía de la familia por representar el liderazgo de Dios - Efesios 5:22-6:4

☞ La mujer representa el favor de Dios - Proverbios 18:22

☞ Los hijos son almas preciosas prestadas por Dios para proveer gozo - Salmos 127:3-5

I. Las responsabilidades bíblicas de la familia
    A. El marido
        1. I Corintios 14:34-35 - Contestar las preguntas espirituales
        2. Efesios 5:25-33 - Amar (como Cristo), sustentar y cuidar (como su propio cuerpo), amar (como a sí mismo)
        3. Colosenses 3:19 - Amar, no ser áspero (no actuar duramente)
        4. I Timoteo 5:8 - Proveer (atender a las necesidades)
        5. I Pedro 3:7 - Vivir (estar con), ser sabio (estudiar, aprender, y aplicar), honrar (como un vaso frágil, y como creyentes compañeras)

B. La <u>mujer</u>
1. Efesios 5:22-23, 33 - <u>Sujetar</u> (como al Señor, como la iglesia a Cristo), <u>Respetar</u>
2. Colosenses 3:18 - <u>Sujetar</u> (como es conveniente en el Señor)
3. Tito 2:1, 3-5 - <u>Amar</u> (a su marido), amar a sus hijos (los hijos de su marido), <u>cuidadora</u> en el hogar (el hogar de su marido), sujetar (a su marido)
4. I Pedro 3:1-6 - Sujetar, ser <u>vista</u> (de conducta casta y respetuosa), vestida (afable y apacible)

C. Los <u>padres</u> - Efesios 6:4, Colosenses 3:21
1. Eliminar la ira y desilusión de la vida de sus hijos por <u>disciplinar</u> correcta
    *Hebreos 12:5-13 (Proverbios 3:11-12)
    *Proverbios 13:24, 22:15, 23:13-14, 29:15
2. Eliminar la ira y desilusión de la vida de sus hijos por <u>enseñar</u> la instrucción piadosa
    *Deuteronomio 6:5-13, 20-24, 11:19-21 - Enseñar y contestar las preguntas sobre las expectativas y los hechos de Dios
    *Proverbios 1:8-9, 4:10, 20-22, 23:22-26 - Enseñar la sabiduría y temor a Dios
    *II Timoteo 1:5, 3:14-17 - Enseñar la Palabra de Dios

D. Los <u>niños</u> - Efesios 6:1-3, Colosenses 3:20
1. <u>Obedecer</u> a los padres
    *En todas las cosas
    a. En el Señor
    b. Porque es justo
    c. Porque es agradable al Señor
2. <u>Honrar</u> a los padres
    a. Porque es el primer mandamiento con una promesa
    b. Porque hay la promesa de una vida larga

II. Los requisitos bíblicas para la familia en el ministerio - I Timoteo 3:3-5, Tito 1:6
A. El marido/padre
1. Un hombre de una <u>sola</u> mujer
2. Un buen <u>gobernador</u> de su casa

   B.   La esposa/madre
       1.   <u>Sujeta</u> al liderazgo del marido
       2.   *<u>Hospedadora</u> con su marido*
   C.   Los niños
       1.   En <u>sujeción</u>
           "... con toda honestidad"
       2.   <u>Creyentes</u>
       3.   Sin <u>disolución</u>
       4.   Sin <u>rebelión</u>

¡La familia valida o desacredita el ministerio!

III.   La inclusión de la familia en el llamado al ministerio
   A.   <u>Noé</u>, su mujer, Sem, Cam, Jafet y sus mujeres - Génesis 6:1-9:17
   B.   <u>Abram</u>, Sari, y Lot - Génesis 12:1-13:4
   C.   <u>Abram</u> e Isaac - Génesis 22:1-19
   D.   <u>Moisés</u>, Séfora, y los dos hijos - Éxodo 18:1-18
   E.   <u>Job</u>, su mujer, y sus siete hijos - Job 1:1-4, 13-22, 2:9-10
   F.   <u>Aquila</u> y Priscila - Hechos 18:1-3, 18-19, 24-28, Romanos 16:3, I Corintios 16:19, II Timoteo 4:19
   G.   <u>Felipe</u> y sus cuatro hijas - Hechos 21:8-9

IV.   El ejemplo en como la familia debe participar en obedecer el llamado y la voluntad de Dios - Génesis 22:1-18
      *El llamado percibido por el padre (1-2)
   A.   Isaac <u>salió</u> con su padre para cumplir el mandato de Dios (3-5)
      "Y Abraham se levantó muy de mañana, ... y tomó consigo ... a Isaac su hijo; ... y se levantó, y fue al lugar que Dios le dijo."
   B.   Isaac <u>ayudó</u> por encargar parte de las provisiones para cumplir el mandato de Dios (6)
      "... y fueron ambos juntos."
   C.   Isaac <u>evaluó</u> y <u>preguntó</u> sobre la provisión y el proceso de cumplir el mandato de Dios (7)
   D.   Isaac <u>recibió</u> la respuesta y instrucción de fe para cumplir el mandato de Dios (8)
   E.   Isaac <u>llegó</u> con su padre al lugar necesario para cumplir el mandato de Dios (9a)

F. Isaac <u>obedeció</u> y dependió en su padre para permitirle cumplir el mandato de Dios (9b-10)
   *Isaac no rebeló contra su propio sacrificio para que su padre pidiera obedecer a Dios

G. Isaac <u>experimentó</u> el milagro de la protección y la provisión de Dios en el proceso de cumplir el mandato de Dios (11-14)

H. Isaac <u>recibió</u> la bendición de Dios a través de la obediencia de su padre en cumplir el mandato de Dios (15-18)

V. Las limitaciones del ministerio por la familia - I Corintios 7:25-34 (32-34)
   A. El/La soltero/a - tiene cuidado de las cosas del <u>Señor</u>
   B. El/La casado/a - tiene cuidado de las cosas del <u>mundo</u>
      "... de cómo agradar a su mujer/marido."

VI. Los privilegios de tener una familia en el ministerio - Eclesiastés 4:7-12
   A. Hay siempre alguien que <u>entienda</u>
      1. Cultura
      2. Idioma
      3. Ideas
   B. Hay siempre <u>compañerismo</u>
   C. Hay siempre <u>ayudantes</u>
      1. Para el ministerio de las damas
      2. Para el ministerio de los niños
   D. Hay más <u>esfuerza</u> por números
   E. Hay más <u>puertas</u> abiertas para tener contacto con la gente y presentar el Evangelio
      *Los niños abren puertas que los padres nunca podrían abrir

VII. Las presiones sobre la familia
   A. La falta de <u>protección</u> de las expectativas de los demás
      *Números 12:1-15
      1. Las expectativas puedan proveer el juzgo justo o injusto según las ideas humanas
      2. Las expectativas puedan estar presentados como consejo en amor verdadero o como ataque en la carne
   B. La falta de <u>familia</u> y <u>amistades</u>

C.   La falta de <u>tiempo</u> junto
1.   Por el tiempo largo en la iglesia
2.   Por el tiempo largo en evangelizar
3.   Por el tiempo largo en discipulado y consejería
D.   La falta de <u>tradiciones</u> y <u>memorias</u> pasadas por las generaciones
E.   La falta de un <u>clima</u> cómodo
F.   La falta de la cuida <u>médica</u>
G.   La falta de <u>sostén</u> adecuado
*La presión de deuda es mucha más de la presión de falta lo que quiere -
Proverbios 22:7
*Siempre es más fácil a acostumbrarse a las condiciones mejores de que
condiciones peores, por lo tanto no viva más alto de que pueda manejar
H.   La falta de <u>educación</u> adecuada
I.   La falta de <u>estabilidad</u> y el sentimiento de pertenecer
1.   Una casa fija
2.   Una nación fija
3.   Un idioma fijo
4.   Una cultura fija
5.   Una familia fija

VIII.   La balance de la familia y el ministerio
A.   La voluntad de Dios para la familia y el ministerio nunca están en
<u>conflicto</u>
1.   La familia produce <u>limitaciones</u> y <u>oportunidades</u> para el ministerio
(Salmos 127:5)
a.   La familia tiene que estar dispuesto de sacrificar para el
ministerio (Mateo 8:21-22, 10:37-38, Lucas 14:25-27)
2.   El ministerio produce <u>limitaciones</u> y <u>oportunidades</u> para la familia
(Hechos 21:8-9)
a.   El ministerio tiene que estar dispuesto de sacrificar para la
familia (Deuteronomio 24:5, I Corintios 7:32-34)
B.   La familia produce el <u>crédito</u> o al <u>descredito</u> al ministerio

I Timoteo 3:5
(pues el que no sabe gobernar su propia casa,
¿cómo cuidará de la iglesia de Dios?);

      1.   Por lo <u>bueno</u>
          a.   Proverbios 31:10-11, 23
      2.   Por lo <u>malo</u>
          a.   I Samuel 2:12-17, 22-25 - Los hijos de Elí
          b.   I Samuel 8:1-5 - Los hijos de Samuel

C.   El tiempo pasado más con la familia o con el ministerio no indica que uno <u>vale</u> más que el otro
*II Timoteo 2:3-4, Josué 1:10-18, 22:1-4 *(7 años)*
      1.   Como buen soldado, el ministro no <u>controla</u> la cantidad de tiempo en la guerra
      2.   Como buen soldado, el ministro <u>busca</u> y <u>disfruta</u> su tiempo con la familia

IX.   Las oportunidades en que la familia puede participar en el ministerio

**¡No hay mejor lugar
para entrenar la próxima generación a servir a Dios
que en la familia!**

A.   La pareja debe <u>compartir</u> sobre los eventos y las situaciones del ministerio, ambos física y espiritual
*La mujer es la ayuda idónea al ministro pero no puede ayudar si no sabe su ministerio

B.   La mujer debe <u>participar</u> en el ministerio en las áreas en que tiene habilidades
*La mujer tiene que recordar sus limitaciones familiares y personales
      1.   Cuida de bebé/niños
      2.   Clases/Actividades de niños
      3.   Música
      4.   Consejería
      5.   Discipulado
      6.   Estudios bíblicos de las damas
      7.   Cocinar y preparar por los eventos

C.   Toda la familia debe <u>participar</u> en el ministerio
      1.   Mantenimiento/Limpieza de la propiedad
      2.   Preparar y participar en las actividades especiales
      3.   Evangelizar por repartir los tratados juntos

    4.   Participar en los ministerios de las clases y los cultos
        a.   Enseñar
        b.   Música
        c.   Ofrenda
        d.   Sistema de sonido y de grabar

D.   Toda la familia debe <u>ayudar</u> en la carga del ministerio por orar por las familias y los contactos de la iglesia

X.   La consejería para la familia en el ministerio

**Los niños no hacen lo que decimos,
sino hacen lo que hacemos.**

A.   Recordar que el <u>llamado</u> al ministerio incluye toda la familia, cada miembro en su propia manera, y con su propia responsabilidad de participación - Génesis 6:1-9:17, Génesis 12:1-13:4, Hechos 18:1-3, 18-19, 24-28, Romanos 16:3, I Corintios 16:19, II Timoteo 4:19

B.   Recordar que el <u>servicio</u> y los sacrificios son para Dios - I Corintios 15:58, Hebreos 11:6

C.   Recordar las <u>responsabilidades</u> especificas de cada puesto
    1.   El Marido y la Mujer - Efesios 5:22-33, Colosenses 3:18-19, II Pedro 3:1-7
    2.   Los padres y los hijos - Efesios 6:1-4, Colosenses 3:20-21

D.   Recordar que los niños <u>aprenden</u> de los padres y reflejan su fe y actitud sobre Dios
*Proverbios 23:22-26
    1.   Si consideremos que nuestra familia y ministerio son bendiciones de Dios, ellos van a hacer lo mismo
       *Si consideremos que nuestra familia y ministerio son demasiado fuertes o injustos, ellos van a hacer lo mismo
    2.   Si consideremos que nuestro familia y ministerio son responsabilidades serias delante de Dios, ellos van a hacer lo mismo
       *Si consideremos que nuestra familia y ministerio no son importantes delante de Dios, ellos van a hacer lo mismo

E.   Recordar que todo el servicio espiritual no vale si no hay <u>amor</u> verdadero - Romanos 13:10, I Corintios 13:1-8
    1.   Amor para cada miembro de la familia
    2.   Amor para aquellos a quien está ministrando

F.   Recordar la <u>paciencia</u> y perdón de Dios y aplicar la misma con los demás - Efesios 4:1-3, 31-32

*Como padres sean cuidadosos que no están muy cortos ni impacientes con sus hijos por causa de la presión del mundo y ministerio alrededor

G.   Recordar que cada <u>circunstancia</u> está permitida por Dios para la experiencia de cada miembro de la familia - Eclesiastés 3:1-11, Romanos 8:28-29

"Todo tiene su tiempo,
y todo lo que se quiere debajo del cielo tiene su hora ...
Todo lo hizo hermoso en su tiempo; ..."

H.   Recordar a confrontar cada circunstancia en <u>unidad</u> - Eclesiastés 4:7-12, Romanos 12:15
1. Jugar juntos
2. Orar juntos
3. Trabajar juntos
4. Llorar juntos
5. Reír juntos
6. Comer juntos
7. Ministrar juntos
8. Descansar juntos
9. Fantasear/Planear juntos

I.   Recordar que eran <u>otros</u> fieles que experimentaron muchos sufrimientos pero igualmente muchas bendiciones y recompensas por la gracia de Dios - Hebreos 11:1-12:4

XI.   Las ideas prácticas para pasar tiempo junto como familia
   A.   Buscar las oportunidades para las <u>vacaciones</u>
   B.   Organizar días o noches <u>familiares</u>
      1. Jugar juegos
      2. Cumplir una rompa de cabeza
      3. Disfrutar una película
      4. Viajar por el día or algunas horas
   C.   Mantener tiempo por <u>devocionales</u> familiares
   D.   Hacer <u>compras</u> juntos
      *Si no puedes ir como familia, lleve a un hijo para compartir en la viaje
   E.   Inventar nuevas <u>tradiciones</u>

F.   <u>Trabajar</u> en los proyecto juntos

G.   Empezar una nueva pasa de <u>tiempo</u> que incluye toda o parte de la familia

LA SALUD

La salud del misionero se puede afectar a toda su familia y su habilidad para cumplir las responsabilidades del ministerio. Muchas veces, el misionero y su familia son más susceptible a las enfermedades porque su cuerpo no es acostumbrado a las condiciones y por la carga del ministerio. Por lo tanto es muy importante que el misionero se cuide bien y se prepare para cualquier enfermedad que se encuentra.

Sin buen salud
el misionero no tiene
la energía, concentración ni tiempo
para cumplir todo lo necesario en el ministerio
Mateo 15:32

I. Siempre mantener una balance de dependencia en Dios y recibir la ayuda de Dios por los médicos y medicamentos
   A. II Crónicas 16:12-14 - El rey Asa <u>dependió</u> en los médicos y no en Dios y nunca fue sanado
   B. II Reyes 20:1-11 - El rey Ezequías <u>oro</u> y Dios extendió su vida
   C. Marcos 5:25-34, Lucas 8:43-48 - La mujer con el flujo de sangre <u>sufrió</u> mucho por las manos de los médicos hasta que Jesús le sanó
   D. II Corintios 12:7-10 - Pablo <u>pido</u> a Dios tres veces para quitar su enfermedad, pero Dios estaba glorificado por sus debilidades de enfermedades
   E. I Timoteo 5:23 - Los medicamentos son para <u>ayudarnos</u> con las enfermedades
   F. Santiago 5:13-18 - La oración del justo puede <u>sanar</u> a los enfermos

II.   Mantener hábitos correctos
- A.   <u>Comer</u> correcto
- B.   <u>Tomar</u> correcto
- C.   <u>Descansar</u> correcto
  *Una cama correcta puede hacer un gran diferencia
- D.   <u>Ejercitar</u> correcto
- E.   Tomar los <u>medicamentos</u> y las vitaminas correctas
- F.   Tomar los <u>chequeos</u> médicos correctos
  1.   De los <u>dientes</u>
  2.   De los <u>ojos</u>
  3.   De las <u>condiciones</u> regulares de la edad y de la historia personal
     - a.   Aceptar y entender sus condiciones
     - b.   Aceptar y entender sus limitaciones

III.   Investigar antes que las enfermedades y las emergencias
- A.   Pedir por <u>recomendaciones</u> de los médicos y hospitales buenos.
- B.   Investigar los <u>procesos</u> médicos antes que necesite una cita o el cuido.
- C.   Investigar y prepararse para los <u>peligros</u> específicos del país.
  1.   <u>Insectos</u>
  2.   <u>Plantas</u>
  3.   <u>Enfermedades</u>
- D.   Si haya una condición pre-existente, verificar el <u>cuidado</u> en el campo misionero y hacer preparaciones para recibir los medicamentos si no sean disponibles.
  *Recordar que muchas recetas no son aceptados en diferente países.
  *Llevar medicamentos extras para proveer el cuido hasta que pueda encontrar recetas nuevas.

IV.   Tener un plan de emergencia
- A.   Una lista de las <u>condiciones</u>
- B.   Una lista de los <u>medicamentos</u>
- C.   Una lista de los <u>médicos</u> con información de contacto
- D.   Una lista de los médicos y hospitales más <u>cerca</u> y más <u>confiables</u> por cada persona y condición en la familia
  *Hacer mapas en como llegar a las facilidades médicas
- E.   Una lista de personas de <u>contactas</u> para ayudar en las emergencias

V.   Guardar un equipo de emergencia sencillo
    A. Las <u>curitas</u>
    B. <u>Desinfectante</u>
    C. <u>Comprase</u> non adherente
    D. <u>Crema</u> para la quemada
    E. <u>Gasa</u> de rollo y de cuadra
    F. <u>Termómetro</u>
    G. <u>Guantes</u>
    H. <u>Hielo</u> instante
    I. Medicamento para <u>dolor</u>
       1. Dolor en general
       2. Dolor de estomago
       3. Dolor de picadura
    J. Medicamento para los <u>niños</u>
    K. Medicamento para la <u>alergias</u>

EL GOBIERNO

El gobierno está establecido por Dios para proveer el misionero la organización, protección y libertades necesarios para proclamar el Evangelio. También, el misionero tiene que reconocer que él es un invitado por el gobierno a su país. Por lo tanto el misionero debe tratar a honrar el gobierno en todas formas posibles mientras de presentar el reino de Dios a su gente.

El Gobierno provea el orden y la protección necesario
para avanzar el Evangelio
Romanos 13:1-7, I Timoteo 2:1-4

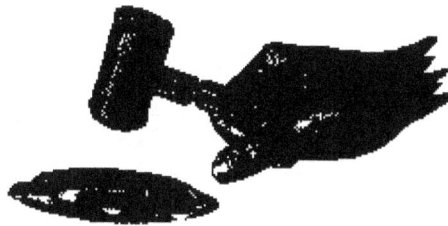

I.   La autoridad de Dios en el Gobierno
  A.   Mateo 22:17-22 - Los oficiales tienen <u>derecho</u> por Dios de mandar tributo
  B.   Romanos 13:1-7 - Los oficiales <u>reciben</u> su puesto por Dios y son ministros de Dios
  C.   I Timoteo 2:1-4 - Los oficiales necesitan las <u>oraciones</u> a Dios por su salvación y para proveer paz
  D.   Tito 3:1-2 - Los oficiales merecen <u>sujeción</u> y <u>obediencia</u> por el mandato de Dios para que hagan buenas obras
  E.   I Pedro 2:13-17 - Los oficiales tienen la <u>autoridad</u> de Dios para castigar los malhechores y alabar a los que hacen bien

II.   Las áreas en que la ley afecta la iglesia
  A.   <u>Permisos</u>
    1.   <u>Edificio</u>
    2.   <u>Estacionamiento</u>
    3.   <u>Rótulo</u>
    4.   <u>Reuniones/Actividades especiales</u>

      B.   Impuestos

      C.   Transportación

III.   El consejo en como dar honra bíblica al gobierno

      A.   No participe en ningún actividad de rebelión

      B.   Recuerde que no está ministrando para cambiar el gobierno
          *Recuerde que estás en el país como invitado del gobierno

      C.   Ore en privado y público para el gobierno

      D.   Tenga paciencia y cumpla cada requisito cuando esté bregando con el gobierno

      E.   Tenga cultos especiales para enseñar los principios bíblicos sobre el gobierno, expresar apreciación para el gobierno, e invitar a los oficiales

      F.   Entienda correctamente los derechos ofrecidos por el gobierno y no demande más

LA IGLESIA

El edificio de la iglesia representa a Dios, Su familia, y Su casa a aquellos alrededor. Por lo tanto, el lugar y el edificio deben estar considerados cuidadosamente para que Dios y su Evangelio estén representados muy bien a la gente que lo encuentre.

La Iglesia es la Casa de Dios para la Adoración a Dios
I Timoteo 3:15

I. La localidad del edificio
    A. <u>Cerca</u> a la gente que está tratando de ganar
    B. <u>Accesible</u> (al tránsito que es más común)
    C. <u>Visible</u> al público (por el edificio y un rótulo)
    D. <u>Seguro</u>
    E. <u>Establecido</u> por tiempo para establecer un testimonio
    F. <u>Preparado</u> por expansión o cerca a otro edificio más grande si una mudanza sea necesaria

II. El tamaño del edificio
    A. Suficientemente amplio para mantener los <u>ministerios</u> de la iglesia (sala, clases, cuida de niños, cocina, etc.)
    B. Suficientemente amplio para que la gente esté <u>cómoda</u> pero no demasiado grande que se siente perdida en el espacio
    C. Suficientemente amplio para que la iglesia pueda quedarse por suficiente <u>tiempo</u> para establecer un testimonio antes que tenga que mudarse a otro sitio (por lo menos dos años)

III. La condición del edificio
  A. Bien <u>limpio</u> (patio, sala, baños)
  B. Bien <u>mantenido</u> (estructura, pintura, baños, etc.)
  C. Contiene todos los permisos <u>legales</u>

IV. El precio del edificio
  *Siempre investigue la reputación del dueño y la historia del edificio (pedir a la gente en pueblo, vecinos, etc.)
  *Siempre verifique el precio y contrato por mirar otras opciones similares
  A. <u>Alquilar</u>
  *Siempre es lo mejor de tener un contrato escrito con el dueño con los detalles de su derecho para mejores, mantenimiento, cuentas de servicios públicos (la luz y el agua), etc., para que no haya dificultades en la relación
    1. Los beneficios
      a. Más <u>económico</u> para empezar
      b. La oportunidad de <u>conocer</u> el pueblo mejor
      c. La <u>flexibilidad</u> para una mudanza cuando sea necesaria para el crecimiento
      d. Menos <u>responsabilidades</u> de mantenimiento
    2. Los detrimentos
      a. El <u>precio</u> puede cambiarse
      b. El <u>control</u> de las reparaciones
      c. Las limitaciones en <u>mejores</u> para hacerlo adecuado para el ministerio
      d. La <u>pérdida</u> del pago y cualquier mejores
  B. <u>Comprar</u>
  *Siempre trate a comprar una propiedad suficientemente amplia para ambos los edificios y estacionamiento por no menos de diez años de crecimiento
    1. Los beneficios
      a. El precio es <u>fijo</u>
      b. El derecho de <u>mejorarlo</u> a las especificaciones necesarias para el ministerio
      c. La gente del pueblo y ministerio saben que está <u>quedándose</u>
      d. La <u>seguridad</u> de tener el edificio por los años que vienen

2. Los detrimentos
   a. El <u>pronto</u>, papeles legales, impuestos, etc.
   b. Menos <u>flexibilidad</u> para mudanza cuando sea necesaria
   c. La <u>responsabilidad</u> por todo el mantenimiento y las reparaciones

EL MINISTERIO

El ministerio del Evangelio de Jesucristo es la razón que el misionero está en su campo de labor. Por lo tanto, él tiene que hacer con cuidado sus planes y preparaciones para evangelizar a los incrédulos y preparar a los creyentes para continuar la obra para la gloria de Dios. Lo más tiempo que él pase investigando las realidades de su ministerio futuro y en oración a Dios por la provisión y dirección necesaria, lo más próspero será en lograr la voluntad de Dios para su vida y ministerio.

El ministerio es el propósito del misionero.
Mateo 28:18-20

I.   El propósito para el ministerio - Mateo 28:18-20
   A.   El misionero tiene el propósito de <u>ir</u> con el Evangelio - Hechos 13:1-3, I Corintios 2:1-5, II Corintios 5:14-21
   B.   El misionero tiene el propósito de hacer <u>discípulos</u> de Cristo - Juan 8:30-32, 13:34-35, 15:1-8, Lucas 14:26-33
   C.   El misionero tiene el propósito de <u>bautizar</u> a los nuevos discípulos de Cristo -Hechos 2:37-41
   D.   El misionero tiene el propósito de <u>enseñar</u> a los discípulos de Cristo - Hechos 2:42-47

El misionero tiene la promesa de
la presencia de Jesús mientras que ministra
II Timoteo 4:10-17

II.   El proceso del ministerio - Hechos 20:17-38
   A.   Las <u>circunstancias</u> del ministerio (19)
      1.   <u>Humildad</u> - II Corintios 4:5, I Timoteo 1:12
      2.   Las <u>lagrimas</u>
          *Vrs. 31
      3.   Las <u>pruebas</u> - II Corintios 1:8-9, 3-4, 12:15
   B.   La <u>presentación</u> del ministerio (20-21)
      1.   La <u>manera</u> de la enseñanza
          *"*Cómo nada que fuese útil he rehuido de anuniaros y enseñaros.*"*
          a.   <u>Públicamente</u>
          b.   <u>Personalmente</u> (a todos sin prejuicio)
      2.   El <u>mensaje</u> de la enseñanza - I Tesalónica 2:4-5
          a.   El <u>arrepentimiento</u> a Dios
          b.   La <u>fe</u> en Jesús
              *Vrs. 26-27, 31 - La explicación de la enseñanza era sencilla y completa - "*todo el consejo de Dios*"
                  **I Corintios 2:1-7, I Timoteo 4:16
   C.   La <u>realidad</u> de ausencia en el ministerio (22-25)
       *Los misioneros tienen que preparar el ministerio para su ausencia porque él no puede garantizar cuanto tiempo él tiene con el ministerio
      1.   El viaje según la <u>voluntad</u> de Dios (22)
      2.   El viaje en la <u>confianza</u> en Dios (23-24a)
      3.   El viaje para la <u>gloria</u> de Dios (24b-25)
          *La honestidad en el viaje.
   D.   El <u>aviso</u> para el ministerio (29-30)
      1.   El peligro de <u>afuera</u> (29)
      2.   El peligro de <u>adentro</u> (30)
   E.   El <u>consejo</u> para el ministerio (31-35)
       *II Timoteo 4:1-5
      1.   Sea <u>atento</u> a lo que pasa (los peligros) (31a)
      2.   Recuerde la <u>palabra</u> del ministerio (la palabra de Dios) (31b-32)
          *La palabra de Dios es lo que edifica y produce la herencia.
      3.   Recuerde el <u>ejemplo</u> del ministerio (su vida) (33-35)
          a.   La piedad en cumplir su propio trabajo
          b.   La piedad en soportar a los débiles
          c.   La piedad en obedecer la Palabra de Dios (dar en vez de recibir)

III. La paciencia en el ministerio - II Timoteo 2:24-26
   A. La descripción del <u>ministro</u> (24-25a)
      1. Él es <u>siervo</u> del Señor
      2. Él no <u>busca</u> la contención
      3. Él es <u>amable</u> con todos
      4. Él es <u>apto</u> para enseñar
      5. Él es <u>sufrido</u>
      6. Él <u>corrige</u> con mansedumbre
   B. La descripción de <u>aquellos</u> recibiendo el ministerio (25b, 26b)
      1. Se <u>oponen</u> a si mismos
      2. <u>Cautivos</u> de Diablo
   C. La <u>meta</u> de paciencia en el ministerio (25b-26a)
      1. Que Dios conceda el <u>arrepentimiento</u>
      2. Que ellos conozcan la <u>verdad</u>
      3. Que ellos <u>escapen</u> del lazo de Diablo

IV. El propósito del liderazgo espiritual en el ministerio - Efesios 4:12-16
   *Jesús le dio el liderazgo espiritual a la iglesia para realizar este propósito (8-11)
   A. La <u>perfecciona</u> de los santos (12a)
      1. Para que los santos puedan cumplir la obra del ministerio
   B. La <u>edificación</u> de los santos (12b-16)
      1. Para la unidad en la <u>fe</u>
      2. Para la unidad en el <u>conocimiento</u> de Cristo
      3. Para la <u>madurez</u> en Cristo
         a. Para que los santos no sean niños
            (1) Fluctuantes
            (2) Llevados
               (a) Por doctrinas diferentes
               (b) Por la estratagema de los hombres
         b. Para que los santos estén creciendo en Cristo
            *Cristo como la cabaza y la iglesia Su cuerpo
            (1) Por seguir la verdad
            (2) Para que el cuerpo de Cristo provea para si mismo
            (3) Para que el cuerpo de Cristo crezca y edifique a sí mismo
               (a) En amor

V.   Los problemas en el ministerio - II Corintios 11:23-33

II Corintios 1:8-11
"... fuimos abrumados sobremanera
más allá de nuestras fuerzas,
de tal modo que aun perdimos la esperanza
de conservar la vida."

II Corintios 7:5-7
"... ningún reposo tuvo nuestro cuerpo,
sino que en todo fuimos atribulados;
de fuera, conflictos;
de dentro, temores.
Pero Dios ..."

A.   Los problemas <u>físicos</u>
1.   Los <u>abusos</u> (23-25a)
   a.   I Corintios 15:32 - El conflicto con el León
2.   Los <u>viajes</u> (25b-26a)
3.   Los peligros de <u>ladrones</u> (26b)
4.   Las <u>debilidades</u> físicas (27)
   a.   II Corintios 12:7-10 - Orar y depender en la gracia de Dios

Filipenses 1:29-30
"Porque a vosotros os es concedido a causa de Cristo,
no sólo que creáis en él, sino también que padezcáis por él,
teniendo el mismo conflicto que habéis visto en mí,
y ahora oís que hay en mí."

Las Veces que Pablo Menciona
las Dificultades
del Ministerio

- Romanos 3:7-8
- I Corintios 4:9-13, 15:32, 16:9
- II Corintios 2:4, 4:7-12, 6:1-10, 7:5-7, 11:23-33, 12:7-10
- Gálatas 4:11-14, 5:11, 6:17
- Efesios 3:13, 6:18-20
- Filipenses 1:12-14, 19, 29-30
- Colosenses 1:25, 4:18
- I Tesalonicenses 2:2, 14-16, 3:3-8
- II Tesalonicenses 3:1-2
- I Timoteo 4:10
- II Timoteo 1:8, 12, 15, 2:9-13, 3:10-12, 4:14-18
- Tito ~~~
- Filemón 1:13, 22
- Hebreos ~~~

B. Los problemas espirituales

I Corintios 16:9
9 porque se me ha abierto puerta grande y eficaz,
y muchos son los adversarios.

1. El cuidado de la Iglesia (28)
    *I Corintios 4:9-13 - El sacrificio personal para el beneficio espiritual de los demás
    *I Tesalonicenses 2:1-13 - El cuidado parental
    a. La vanidad del ministerio - I Corintios 15:2, Gálatas 2:2, 4:11, Filipenses 2:16, I Tesalonicenses 2:1, 3:5
    b. El rechazamiento del amor personal en el ministerio - II Corintios 12:15

    c.   La <u>destrucción</u> del ministerio - Hechos 20:28-32
        (1) La devastación de afuera
            (a) Las doctrinas falsas y los maestros en los ministerios - I Timoteo 6:3
        (2) La división de adentro
            (a) La deserción de los líderes - II Timoteo 1:15, 4:10, 16
            (b) Los conflictos y compariciones personales - I Corintios 3:3-9
            (c) Las ataques contra la autoridad justa - II Corintios 9:1-6, 11-12:12
                *Números 12:1-15 - Las ataques contra del liderazgo de Moisés empezaron por la ataque contra su esposa
    d.   La <u>carnalidad</u> y falta de madurez en el ministerio - I Corintios 3:1-2, Hebreos 5:12-14

Algunas Cargas de Pablo
para el Ministerios
a través de Hechos

- La deserción de colaboradores en el ministerio - Hechos 13:13
- El rechazamiento y abuso por el mensaje del ministerio - Hechos 13:14-45, 14:5, 19
- El desacuerdo con el propósito práctico del ministerio - Hechos 15:36-41
- El deseo de ministrar nunca realizado - Hechos 16:6-7
  *Romanos 1:11-13
- El cambio los planes del ministerio para ministrar al alguien especifico - Hechos 16:8-9
- Conflicto con el gobierno por acusaciones falsas contra el ministerio - Hechos 16:19-24, 21:28-39
- La soledad en el ministerio (como la única luz en las tinieblas) - Hechos 17:15-34
- Las horas largas en el ministerio - Hechos 20:6-12
- La necesidad de ir a lugares y situaciones peligrosos para cumplir el ministerio - Hechos 20:22-24, 21:11-14
- Tristeza de dejar a los amados en el ministerio - Hechos 20:25, 36-38
- Preocupación para los ataques contra el ministerio en la ausencia - Hechos 20:26-32
- Los viajes largos y peligrosos para extender el ministerio - Hechos 27:8-27:11

C.   Como <u>manejar</u> los problemas del ministerio - II Corintios 6:1-10

II Corintios 6:3-5
3 No damos a nadie ninguna ocasión de tropiezo,
para que nuestro ministerio no sea vituperado;
4 antes bien,
nos recomendamos en todo como ministros de Dios,
en mucha paciencia, en tribulaciones,
en necesidades, en angustias;
5 en azotes, en cárceles, en tumultos,
en trabajos, en desvelos, en ayunos;

1.   En <u>pureza</u> (6)
2.   En <u>ciencia</u> (6)
3.   En <u>longanimidad</u> (6)
4.   En <u>bondad</u> (6)
5.   En el <u>Espíritu</u> Santo (6)
6.   En <u>amor</u> sincero (6)
7.   En <u>palabra</u> de verdad (7)
8.   En <u>poder</u> de Dios (7)
"... con armas de justicia a diestra y a siniestra;"
9.   Por honra (8)
10. Por deshonra (8)
11. Por mala fama (8)
12. Por buena fama (8)
13. Como engañadores, pero veraces (8)
14. Como desconocidos, pero bien conocidos (9)
15. Como moribundos, mas he aquí vivimos (9)
16. Como castigados, mas no muertos (9)
17. Como entristecidos, mas siempre gozosos (10)
18. Como pobres, mas enriqueciendo a muchos (10)
19. Como no teniendo nada, mas poseyéndolo todo (10)

D.   El <u>enfoque</u> durante los problemas del ministerio - II Corintios 4:7-12

II Corintios 4:7
7 Pero tenemos este tesoro en vasos de barro,
para que la excelencia del poder
sea de Dios,
y no de nosotros,

1.   Estamos atribulados en todo, mas no <u>angustiados</u> (8)
2.   En apuros, mas no <u>desesperados</u> (8)
3.   Perseguidos, mas no <u>desamparados</u> (9)
4.   Derribados, pero no <u>destruidos</u> (9)

II Corintios 4:10
10 llevando en el cuerpo siempre
por todas partes la muerte de Jesús,
para que también la vida de Jesús se manifieste
en nuestros cuerpos.

VI.   Las provisiones necesarias para cumplir el ministerio - II Timoteo 4:13

II Timoteo 4:13
13 Trae, cuando vengas,
el capote que dejé en Troas en casa de Carpo,
y los libros, mayormente los pergaminos.

A.   Los cultos <u>regulares</u>
1.   Una sala (decoraciones, cuadrados, etc.)
2.   Las sillas
3.   El púlpito
4.   Las Biblias
5.   Los himnarios
6.   Un instrumento para la músico
7.   Los platos de ofrenda y la Cena del Señor
8.   Una sistema de sonido
9.   Los bosquejos del sermón
10. Los boletines

B. Los cultos especiales
1. La Cena del Señor - Los platos para la cena del Señor (los vasos chiquitos)
2. El bautismo - tanque/lugar del agua suficiente profundo y seguro

C. Los ministerios específicos
1. Evangelismo
    a. Los tratados
    b. Los folletos de la iglesia
    c. Los mapas del área alrededor
    d. Las invitaciones a cultos/actividades especiales
2. Discipulado/Consejería
    a. Libros del discipulado
        (1) Para creyentes nuevos (salvación, bautismo, membresía)
        (2) Para la familia
        (3) Para el crecimiento en general
        (4) Para las doctrinas claves
        (5) Para las devocionales personales
3. Escuela dominical/Ministerios especial
    *Niños, Jóvenes, Adultos
    a. Los Libros/lecciones para las clases
    b. Las visualizaciones/ilustraciones
    c. Las manualidades/fotos para pintar
    d. Las sillas y los cuartos
4. Salón de cuida
    a. Un cuarto (limpio y privado)
    b. Las cunas
    c. Los juguetes
    d. Las frisas
    e. Una silla
5. Compañerismo Cristiano
    a. Las sillas
    b. Las mesas
    c. Una cocina (con los utensilios)
    d. Los libros de coros
    e. Los juegos o las actividades

VII. La preparación de los nacionales y la próxima generación - II Timoteo 2:1-2

II Timoteo 2:1-2
1 Tú, pues, hijo mío,
esfuérzate en la gracia que es en Cristo Jesús.
2 Lo que has oído de mí ante muchos testigos,
esto encarga a hombres fieles
que sean idóneos para enseñar también a otros.

A. Sea preparado personalmente (1-2a)
   1. Sea fuerte (dependerse) el la gracia de Cristo (1)
   2. Reciba las instrucciones de los otros fieles en Cristo (2a)
B. Participe en la preparación de los otros (2b)
   1. Otros fieles
      a. Busque a los otros con el deseo para el ministerio - I Timoteo 3:1
      b. Busque a los otros que cumplen los requisitos de participar en el ministerio - I Timoteo 3:2-7, Tito 1:7-9
      c. Busque a los otros que aceptan la responsabilidad del ministerio - Santiago 3:1-2
      d. Busque a los otros que no son neófitos en el ministerio - I Timoteo 3:6
         *Si ellos sea neófitos en algunas áreas, ayúdales a madurar por instrucción, consejo, y práctica bíblica
         (1) En doctrina
         (2) En práctica
      e. Busque los otros que quieren la instrucción y dirección en el ministerio - I Timoteo 4:15-16
   2. Otros quien pueden preparar aun otros
      a. Permita a aquellos preparados a tener participación y liderazgo en el ministerio - Filipenses 4:9
         *Pueden empezar en las áreas chiquitas y añadir más cuando más madurez esté realizada - Lucas 16:10
         (1) Compartir la instrucción ANTES (con los principios bíblicos)
         (2) Compartir las razones y contestar las preguntas ANTES (con las escrituras claves)
         (3) Compartir un ejemplo ANTES

        (4) Compartir las oportunidades racionales según las habilidades verdaderas ANTES

    b. No permita a aquellos que no son <u>preparados</u> a tener liderazgo en el ministerio - I Timoteo 3:6, 5:22

C. <u>Preparar</u> para las preparaciones de los otros

    1. La <u>educación</u> necesaria

        a. Las clases por instituto/universidad bíblico

        b. Los libros claves para el entrenamiento

        c. Los proyectos/participación para aplicación practica de la instrucción

            (1) La Cena del Señor

            (2) El bautismo

            (3) Las visitas de los enfermos y hospitalizados

            (4) Las finanzas

    2. Los <u>recursos</u> necesarios

        a. Recursos de tratados/materiales para el evangelismo

        b. Recursos de libros/lecciones para escuela dominical y los ministerios específicos (niños, jóvenes, adultos)

        c. Recursos de las finanzas

        d. Recursos de mantener la propiedad y edificio (permisos, etc.)

        e. Recursos de estabilizar y guardar la organización e incorporación de la iglesia (constitución, negocio sin fines, etc.)

        f. Recursos de organización y materiales para la escuela bíblica de verano, el campamento, etc.

    3. El <u>consejo</u> necesario

        a. Consejo sobre la familia

            (1) Como mantener la familia bíblica

            (2) Como equilibrar la familia y el ministerio a la misma vez

        b. Consejo sobre el ministerio

            (1) Como evangelizar

            (2) Como consejar temas específicos

            (3) Como organizar los ministerios y las actividades

Las Peticiones de Pablo
Por Oración para su Ministerio

- Romanos 15:30-33
- Colonenses 4:2-4
- I Tesalonicenses 5:24-28
- II Tesalonicenses 3:1-2 (1-7)
- Efesios 6:18-20
- Filemón 1:22
- Hebreos 13:18

Las Respuestas de Oración
para el Ministerio
de Pablo

- II Corintios 1:8-11
- Filipenses 1:19

LOS COLABORADORES

Los colaboradores proveen la ayuda necesaria para realizar todos los aspectos del ministerio. También, ellos, proveen el compañerismo cristiano para guardar el ánimo y mantener la fuerza espiritual de los ministros y sus familias. Por lo tanto, es una bendición muy grande para labrar con otros siervos de Dios en la misma obra y ser recibido como privilegio, pero con la responsabilidad de guardar la relación bien para que no haya daño al testimonio de Dios.

Los Colaboradores Son la Mano de Dios
para Ayudar en la Obra
Éxodo 17:9-13, Eclesiastés 4:9-12

I.   Los ejemplos de colaboradores en las Escrituras
        *Eclesiastés 4:9-12
        A.   El <u>setenta</u> enviado por Jesús dos por dos - Lucas 10:1
        B.   <u>Bernabé</u> y Saulo (Pablo) - Hechos 13:1-3
        C.   <u>Bernabé</u> y Juan Marcos - Hechos 15:39
        D.   Pablo y <u>Silas</u> - Hechos 15:40
        E.   Pablo y <u>Timoteo</u> - Hechos 16:1-5
        F.   Pablo y <u>Aquila</u> y <u>Priscila</u> - Hechos 18:2-3, 18
        G.   Pablo y <u>Tito</u> - II Corintios 7:6, 13-14

II.   Los ejemplos de los misioneros con colaboradores en la historia de misiones
        A.   William <u>Carey</u>
        B.   Hudson <u>Taylor</u>

    C.   Jim <u>Elliot</u>
    D.   Adoniram <u>Judson</u>

III.   Los beneficios prácticos de colaboradores
*Eclesiastés 4:9-12
"Mejores son dos que uno; ..."
    A.   <u>Compartir</u> en la obra del ministerio
       "... porque tienen mejor paga de su trabajo."
       1.   Compartir en la <u>predicación</u> e instrucción publica
       2.   Compartir en el <u>mantenimiento</u> de la propiedad y construcción física
       3.   Compartir en la <u>visitación</u> y el discipulado
       4.   Compartir en las <u>decisiones</u>
       5.   Compartir en la <u>oración</u>
       6.   Compartir en los <u>finanzas</u>
    B.   <u>Ayudar</u> en los tiempos <u>difíciles</u>
       "Porque si cayeren, el uno levantará a su compañero; pero ¡ay del solo! que cuando cayere, no habrá segundo que lo levante."
       1.   Ayudar en los tiempos de <u>desánimo</u>
       2.   Ayudar en los tiempos de <u>enfermedad</u>
       3.   Ayudar en los tiempos de <u>emergencia</u>
       4.   Ayudar en los tiempos de <u>falta</u>
    C.   <u>Acompañar</u> en las estaciones de la vida y el ministerio
       "También si dos durmieren juntos, se calentarán mutuamente; mas ¿cómo se calentará uno solo?"
       *Proverbios 27:17
       *Romanos 12:13
       1.   Compañerismo en la <u>vida</u> espiritual
       2.   Compañerismo para la <u>familia</u> (amistades)
       3.   Compañerismo para los <u>tiempos</u> de diversión
       4.   Compañerismo en la <u>tristeza</u>
       5.   Compañerismo en la <u>alegría</u>
    D.   <u>Proteger</u> en los peligros
       "Y si alguno prevaleciere contra uno, dos le resistirán; y cordón de tres dobleces no se rompe pronto."
       1.   Proteger en los ataques <u>espirituales</u>
       2.   Proteger en los ataques <u>físicos</u>

3. Proteger en los tiempos de <u>ausencia</u>
   a. La casa y propiedad
   b. El ministerio
4. Proteger en los <u>eventos</u> de la naturaleza

IV. Los conflictos con los colaboradores
   *Proverbios 13:10
   A. Las diferencias <u>personales</u> que producen oportunidades para el conflicto
      1. <u>Edad</u> - Cada generación tiene diferente perspectiva y diferente nivel de energía para cumplir el ministerio
      2. <u>Experiencia</u> - Cada persona tiene diferente experiencias que forman su concepto de cada área de la vida y el ministerio
      3. <u>Educación</u> - Cada escuela presenta una filosofía y un metido diferente en como realizar el ministerio que produce diferentes puntos de vista
      4. <u>Expectativas</u> - Cada persona tiene su propios sueños e ideas en como realizarlos
   B. Las diferencias <u>comunes</u> que causan conflicto
      1. La diferencia en la <u>doctrina</u>
         *Hechos 20:29-32, I Juan 2:19
      2. La diferencia en la <u>filosofía</u> y <u>práctica</u> del ministerio
         *Hechos 15:36-40
      3. La diferencia en como mantener la <u>familia</u>
      4. La diferencia en las <u>personalidades</u>

V. El consejo para mantener los colaboradores
   A. Consejo en <u>general</u>
      1. <u>Amar</u> verdaderamente - Romanos 13:10, I Corintios 13:1-8
      2. Eliminar el <u>orgullo</u> - Proverbios 13:10, Filipenses 2:1-4
      3. <u>Perdonar</u> y no guardar los sentimientos malos - Mateo 18:21-35, Efesios 4:26-32
         *I Corintios 6:7-9 - En amor sea defraudado en vez de mantener conflicto
      4. Guardar la <u>lengua</u> - Efesios 4:29-32, Santiago 3:1-12
      5. <u>Respectar</u> el uno por el otro - Santiago 4:11-12
      6. <u>Servir</u> en vez de esperar servicio - Juan 13:3-17, I Juan 3:18
      7. Cumplir las <u>responsabilidades</u> personales - Gálatas 5:3-5

B. Consejo para el misionero <u>novato</u>
  1. Mantener el <u>respeto</u> para el misionero veterano
     *I Pedro 5:5-7
     a. Tener humildad en como usted cumple el ministerio y los resultados producidos
        *Juan 4:34-38
     b. Tener paciencia para recibir carga del ministerio y implementar nuevas ideas
  2. <u>Aprender</u> por las experiencias y la sabiduría del misionero veterano
     a. Hacer preguntas para aprender
        *No haga preguntas para atacar
     b. Observar los hechos y maneras de hacer cosas
  3. Ofrecer tus <u>esfuerzas</u> físicas para librar el misionero veterano en su ministerio espiritual
     *Éxodo 17:8-13
  4. NO HACER NADA <u>CONTRA</u> EL UNGIDO DE DIOS sin evidencia verificada de pecado
     *I Samuel 24:1-15
     *I Timoteo 5:1, 19-21
C. Consejo para el misionero <u>veterano</u>
  1. Tener <u>paciencia</u>
     a. Recordar sus experiencias de adaptarse
        *Lo que es normal para usted es muy extraña para el misionero novato, por lo tanto sea su guía en aprender
     b. Ofrecer consuelo y consejo
        (1) Por el idioma
        (2) Por donde hacer compras
        (3) Por preparar y mantener la casa, carro, etc.
        (4) Por las preocupaciones de los peligros
        (5) Por la falta de la familia, amistades, la vida "normal"
  2. <u>Enseñar</u> sobre el ministerio y la vida nueva
     a. Compartir las experiencias pasadas
     b. Enseñar sobre las cosas que hace y las razones del porque lo hace así
     c. Comunicar las expectativas

3. Mantener <u>respecto</u> para el misionero novato delante de la gente
   *I Timoteo 4:12
   *Como usted lo respecta a él, la gente va a respectar por todo su ministerio. Por lo tanto, use los títulos correctos y preséntelo como ministro de Dios.

4. <u>Incluir</u> el misionero novato en el ministerio poco por poco
   a. Puede causar desánimo si el tiene cargas que no está preparado (por el idioma, por adaptarse, por la familia)
   b. Puede causar desánimo si no le incluye cuando esté listo verdaderamente

La Comunicación
(Dar Cuenta)

La comunicación es la manera en que el misionero puede compartir con sus apoyadores sobre la obra de Dios. Es por la comunicación clara y regular que los apoyadores pueden participar en el ministerio por orar y proveer por los eventos y las necesidades verdaderas. Por lo tanto, el misionero debe usar sus recursos de comunicación frecuentemente para que los apoyadores puedan verdaderamente participar en el ministerio aun por distancia.

Comunicación es la Liña de Ayuda
Entremedio los Misioneros y sus Apoyadores
Romanos 15:30

I.   Los propósitos de la comunicación para el misionero
   A.   Para compartir sobre los <u>ministerios</u> realizados - Hechos 14:26-28, 21:17-26
   B.   Para compartir sobre los <u>asuntos</u> normales en la vida y el ministerio del misionero - Efesios 6:21-22
   C.   Para compartir sobre los <u>planes</u> para visitar y presentar el ministerio - Romanos 1:9-13, I Corintios 16:5-7, II Corintios 1:15-16
   D.   Para compartir sobre las <u>necesidades</u> del ministerio - I Corintios 16:1-4, II Corintios 8:1-9:15
   E.   Para compartir sobre las <u>dificultades</u> del ministerio - I Corintios 15:32, 16:9, II Corintios 1:3-11, 4:7-12, 6:1-10, 7:5-7, 11:23-33, 12:7-10, Filipenses 1:12-14, 19, 29-30
   F.   Para compartir sobre las <u>bendiciones</u> del ministerio y hacer acción de gracias - II Corintios 1:8-11, 9:12, Filipenses 4:10-20

II.   Las manaras para la comunicación del misionero
   A.   Los <u>viajes</u> personales
      *Hechos 14:24-28
      1.   Ellos son muy beneficial para que los apoyadores puedan <u>conocer</u> el misionero mejor y para que los misioneros puedan dar cuenta sobre su ministerio
         *Pero ellos pueden causar dificultades para el ministerio en el campo por falta del liderazgo espiritual
         a.   El viaje tiene que ser suficiente largo para cumplir las responsabilidades a los apoyadores, pero no demasiado largo que el ministerio sufre sin el liderazgo (3 meses a 1 año)
         b.   El viaje tiene que ser durante un tiempo del año en que el misionero no tiene que dirigir un ministerio o actividad necesaria o en que tiene un reemplazo para dirigir el ministerio
         c.   El viaje debe incluir visitas a los apoyadores y a los apoyadores prospectivos
      2.   Ellos pueden ser <u>costosos</u>
         *El misionero tiene que prepararse para los costos incluidas
         a.   Pasaje
         b.   Vivienda
         c.   Transportación
      3.   Ellos deben ser cumplidos cada <u>3-6</u> años
      4.   Ellos deben dar <u>reporte</u> del ministerio cumplido y los planes futuros
         a.   Por <u>testimonios</u>
            (1)   El testimonio que es honesto sobre la vida
            (2)   El testimonio que revela la grandeza de Dios
         b.   Por <u>respuestas</u> a las preguntas (en público y privado)
            (1)   Las preguntas en todas las <u>situaciones</u>
               (a)   Privado
               (b)   Público
               (c)   Por el pastor, los diáconos, y la comité de misiones
            (2)   Las preguntas sobre cualquier <u>tema</u>
               (a)   El ministerio
               (b)   La familia
               (c)   El país
               (d)   La gente y cultura
               (e)   La religión

       c.   Por una <u>presentación</u> visual
- (1) No más de 8-12 minutos
- (2) Grabada con narración y música
  - (a) La narración debe estar bien clara
  - (b) La música refleja su convicción de separación
  - (c) La música debe tener los permisos correctos de los productores
- (3) Dar una reporte del pasado y presentar los planes futuros
  - (a) Introducir el misionero y su familia
  - (b) Introducir la misión
  - (c) Introducir el país del servicio
  - (d) Reportar sobre el tiempo de servicio y los ministerios realizados
  - (e) Presentar sobre los planes del futuro
  - (f) Presentar las necedades y maneras en como la gente puede ayudar y participar en el ministerio
  - (g) Presentar las peticiones de la familia y el ministerio
  - (h) Incluir las fotos de la familia, el ministerio, y la gente
- (4) Tener todo el equipo preparado y listo
  - (a) Cuando posible, el misionero debe proveer todas las maquinas, cables, adaptadores, etc.
  - (b) Guardar una copia de la presentación en DVD y archivos de la computadoras para que sea flexible para usar el equipo de la iglesia cuando tenga

       d.   Por <u>instrucción</u> bíblica
- (1) <u>Predicación</u>

  *Cuidarse que no magnifiques las historias personales más que las verdades de las Escrituras
  - (a) Mensajes sobre misiones
  - (b) Mensajes sobre las responsabilidades de todos creyentes en el ministerio
- (2) Instrucción en las <u>clases</u> de adultos, jóvenes, y niños
- (3) <u>Actividades</u> especiales

B.   Las <u>llamadas</u> personales (video llamada)
1. Ellas son muy beneficios para planear las visitas
2. Ellas pueden ser usadas para presentar una reporte a la iglesia sin un viaje

3. Ellas pueden mal usa el tiempo por pensar sobre los ministerios de los demás envés de enfocarse en el ministerio propio

C. Las cartas por correo

    1. Ellas son muy importantes para comunicar las actividades del ministerio a través de los años que no puedan hacer viajes

    2. Ellas tienen que ser regulares y consistentes (cada mes, cada dos meses, o cada tres meses)

    3. Ellas deben estar lo más profesionales posible

        a. En membrete

           (1) Nombre del misionero

           (2) Información de contacto para el misionero, la misión, y su iglesia principal

           (3) Una foto del misionero y su familia

        b. Diseño ordenado

        c. Imprimir a color

    4. Ellas deben presentar una reporte descrita del ministerio pasado desde la ultima carta y presentar peticiones por las actividades antes la próxima

        a. Dar acción de gracias

           (1) Por la provisión de Dios

           (2) Por la protección de Dios

        b. Dar peticiones especificas

           (1) Para las necesidades espirituales

           (2) Para las necesidades del país y pueblo

           (3) Para las necesidades físicas

           (4) Para las necesidades de salud

        c. Hacer una lista o escribir muy claramente las peticiones y acción de gracias para que los apoyadores puedan repasarlos rápido

    5. Ellos deben expresar apreciación por el apoyo espiritual y físico de los apoyadores

    6. Ellas no deben ser cartas de "dame" o de quejar, sino siempre deben expresar dependencia en Dios mientras presentar la realidad del ministerio y la vida

    7. Ellas pueden ser costosas por imprimir, los sobres, los sellos, etc.

D. Las cartas electrónicas
1. Ellas son económicas y pueden ser enviadas rápido
*Por lo tanto, es fácil no pasar el tiempo correcto en escribirlos con cuidado y con información valerosa
2. Ellas deben ser cortas
3. Ellas deben ser regulares pero no demasiado frecuentes
*Una carta cada semana se usa demasiado tiempo y muchas veces no hay suficientes eventos nuevos para compartir
4. Ellas deben estar en un formato fácil para imprimir
5. Ellas deben incluir información similar a las cartas de correo
E. Las páginas de internet y la blog
1. Ellas tienen sus beneficios porque cualquier persona puede encontrar información sobre el ministerio en cualquier momento
2. Ellas comen mucho tiempo para manejar adecuadamente
a. Tiene que verificar que cada botón y link funciona
b. Tiene que actualizar la información regularmente
c. Tiene que actualizar las fotos regularmente

III. Las peticiones comunicadas por el misionero (por el ejemplo de Pablo)
A. Romanos 15:30-33 - La oración por liberación y reunión
B. II Corintios 1:11 - La oración que ayuda por distancia
C. Efesios 6:19-22 - La oración por la boca abierta con las palabras correctas con denuedo y protección
D. Colosenses 4:2-4 - La oración por una puerta abierta
E. Filemón 1:22 - La oración por seguridad en el viaje
F. I Tesalonicenses 5:24-28 - La oración por salud general
G. II Tesalonicenses 3:1-2 (1-7) - La oración que la Biblia pueda correr y ser glorificada
H. Hebreos 13:18-19 - La oración por la restauración del compañerismo

www.ingramcontent.com/pod-product-compliance
Lightning Source LLC
Chambersburg PA
CBHW081633040426

42449CB00014B/3292